Haim Omer / Philip Streit

Neue Autorität:

Das Geheimnis
starker Eltern

Vandenhoeck & Ruprecht

Bibliografische Information der Deutschen Nationalbibliothek:
Die Deutsche Nationalbibliothek verzeichnet diese Publikation in der
Deutschen Nationalbibliografie; detaillierte bibliografische Daten sind
im Internet über http://dnb.de abrufbar.

2. Auflage 2019

Umschlagabbildung: Denizo71/shutterstock.com

Satz: SchwabScantechnik, Göttingen
Druck und Bindung: GrafikMediaProduktionsmanagement GmbH, Köln
Printed in the EU

Vandenhoeck & Ruprecht Verlage | www.vandenhoeck-ruprecht-verlage.com

ISBN 978-3-525-49158-4

Inhalt

Einleitung

Über neue Autorität ist schon viel geschrieben und noch mehr diskutiert worden. Das Konzept wurde aus verschiedensten Blickwinkeln durchdacht und wissenschaftlich erforscht. Aber warum funktioniert dieser scheinbar so einfache und doch neue Ansatz, der Autorität mit Beziehung verbindet? Es ist in der Tat erstaunlich: Kinder und Jugendliche ändern sich, weil Eltern und Bezugspersonen sich ändern und eine neue, andere Haltung einnehmen. Vielfältige Möglichkeiten positiver Entwicklung entstehen, weil Eltern Provokationen widerstehen, Wiedergutmachung anregen und Unterstützung einfordern, anstatt mit voller Härte zu strafen, um ja nicht die Kontrolle zu verlieren.

Haim Omer hat bereits zahlreiche Bücher zum Thema neue Autorität verfasst, die meisten davon richten sich an Fachleute. Sie sind zwar anschaulich und praxisnah geschrieben, aber etwas fehlte bisher: eine Handreichung für Eltern, eine allgemein verständliche Anleitung, die erklärt, warum das Modell der neuen Autorität sowohl für Eltern als auch für Kinder und Jugendliche so hilfreich und stärkend ist.

Hier kommt der Verlag Vandenhoeck & Ruprecht ins Spiel, der uns vorschlug, einen Elternratgeber zu dem Thema zu schreiben. Er brachte uns, das Autorenteam, zusammen: Haim Omer und den Psychologen Philip Streit, der seit über zwanzig Jahren mit Eltern, Kindern, Jugendlichen und ihren Familien sowie großen Gruppen arbeitet.

Das Ergebnis liegt nun vor und darauf sind wir stolz. Dieses Buch lüftet das Geheimnis starker Eltern und demonstriert Schritt für Schritt, wie das Eltern-Kind-Miteinander gelingen kann.

So ungewöhnlich wie der Entstehungshergang des Buches ist, so ungewöhnlich ist auch sein Aufbau. Wenn Sie möchten, können Sie das Buch von hinten anfangen zu lesen. Dort findet sich ein Kapitel über das wohl Entscheidendste, was Eltern für eine gelingende Erziehung brauchen: Es geht um das elterliche Nein. Sie können jedoch auch von vorn mit der Lektüre beginnen. Außerdem ist jedes Kapitel für sich lesbar.

Im *ersten Kapitel* erläutern wir das Bild, das neue Autorität gelingender Erziehung zugrunde legt. Es geht um den sicheren Hafen und die Ankerfunktion der Eltern. Eltern sollen Schutz bieten, Verantwortung übernehmen, in wachsamer Sorge sein und bei Bedarf das kindliche Schiff, wenn es in Seenot geraten ist, retten.

Das *zweite Kapitel* befasst sich mit der Kernsubstanz elterlicher Stärke – der Präsenz. Anhand praktischer Beispiele zeigen wir Ihnen, wie Sie sicher, zuversichtlich und mit klarer Haltung erzieherisch auftreten können. Sie erfahren darüber hinaus, wie gute Beziehungen in schwierigen Situationen erhalten bleiben und wie Kindern so manche Herausforderung zugemutet werden kann.

Kapitel drei beschäftigt sich damit, was zu tun ist, wenn sich die Warnzeichen häufen und das kindliche Schiff schutzlos im offenen Meer treibt. Dann ist wachsame Sorge angesagt. In diesem Buchteil erfahren Sie alles über die faszinierende Macht wachsamer Sorge, über die Stärke einseitiger Maßnahmen und über die erstaunliche Tatsache, dass gerade dann sehr oft gemeinsame Lösungen gefunden werden.

Im *vierten Kapitel* führen wir Sie in die Kunst der Selbststeuerung und Deeskalation ein. Wir erläutern, welche Techniken Sie als Eltern anwenden können, um in den schwierigsten Situationen gelassen und souverän zu bleiben. Lernen Sie überraschende Möglichkeiten kennen, wie Sie sich nicht zu überstürzten Handlungen hinreißen lassen.

Kapitel fünf dient dem Einstieg in die Welt der Unterstützung. Ohne Unterstützung ist die Erziehung von Kindern ungleich schwerer zu meistern, gerade wenn es herausfordernd und schwierig wird. Oft wollen Eltern in Krisensituationen allein bleiben und geraten in einen Sog aus Hilflosigkeit und Verzweiflung. Sie übersehen dabei, dass Hilfe meist ganz nahe ist. Wie man sich Unterstützung organisiert, erfahren Sie in diesem Teil des Buches.

Das *sechste Kapitel* ist dem elterlichen Widerstand gewidmet. Widerstand ist ein Schlüssel zu elterlicher Stärke und Souveränität und eine hochwirksame Alternative zur Bestrafungslogik in der Erziehung. Sie lernen in diesem Kapitel die wichtigsten Widerstandstechniken kennen und anwenden.

Kapitel sieben ist schlussendlich wieder der Beziehung und der Wiedergutmachung gewidmet. Stärkt bereits elterlicher Widerstand die eigenständige Entwicklung des Kindes und seine Souveränität, ist die Wiedergutmachung eines angerichteten Schadens die Zugabe.

Am Ende des Buches treffen Sie wieder auf das elterliche Nein, auf das Sie vielleicht schon zu Beginn gestoßen sind.

Wir wünschen Ihnen nun viel Spaß und Gewinn bei der Lektüre! Über Anmerkungen und Rückmeldungen freuen wir uns. Sie erreichen uns auf diesem Weg:

Haim Omer: haimomer2@gmail.com
Philip Streit: dpst@ikjf.at

Die Ankerfunktion: Das Grundprinzip gelingender Erziehung

Es ist relativ ruhig, als wir uns an einem Sonntagnachmittag dem Haus von Andrea und Stefan nähern. Alle vier Kinder – Jakob, Manuel, Emilia und Valentina – sind zu Hause. Stefan ist unterwegs, da er als Arzt zu einem Notfall gerufen wurde. Andrea, eine gelernte medizinisch-technische Assistentin, bittet uns herein. Wir bemerken die vier Kinder fast gar nicht. Jedes hat was zu tun, vom achtjährigen Jakob bis zum zweijährigen Nesthäkchen Valentina. Jakob liest ein Buch, sein jüngerer Bruder Manuel bastelt gerade etwas. Die vierjährige Emilia versucht sich als Malerin und Valentina spielt mit ihren Stofftieren. Die Zweijährige beäugt interessiert den Besuch, kommt immer wieder zu ihrer Mutter, ist dann aber wieder ganz bei ihren Stofftieren. Dann misslingt Manuel beim Basteln etwas. In seiner Frustration stört er Jakob beim Lesen und will ihm das Buch wegnehmen. Andrea geht ruhig dazwischen, entfernt Manuel und sagt zu ihm:»Das ist nicht in Ordnung. Wenn du dich beim Basteln mit etwas schwertust, kannst du mich ja um Hilfe bitten. Wenn ich da fertig bin, komme ich, um dir zu helfen.« Manuel schickt sich an zu weinen, bastelt dann jedoch weiter. Nicht viel später fühlen Jakob und Manuel gemeinsam bei der Mutter vor, ob sie sich einen Film ansehen dürfen. Mit ruhiger Stimme antwortet Andrea:»Diesen Film hier dürft ihr euch eine Stunde lang ansehen, dann ist Schluss.« Inzwischen hat Emilia ihr Kunstwerk fertiggestellt und präsentiert es uns voller Stolz. Bei all dem Betrieb hat Andrea auch noch Zeit, uns Kaffee und Kuchen zu servieren, und wir kommen angenehm ins

Plaudern. Das Erstaunliche ist: Auch wenn sie sich uns zuwendet, ist Andrea trotzdem ganz bei ihren Kindern. Ihre Ruhe und Souveränität durchströmen jeden Winkel dieses Hauses. »Ich weiß einfach, dass es geht«, sagt sie lächelnd und selbstbewusst, als wir fragen, wie sie den ganzen Laden managt und dabei so gelassen bleiben kann. »Manchmal ist es schon anstrengend«, gibt sie zu, »dann bin ich auch am Ende meiner Kräfte, aber in solchen Momenten bekomme ich Unterstützung von Stefan oder den Großeltern, also sowohl von meinen als auch von Stefans Eltern.« Andrea spricht nicht viel, wenn etwas passiert, sie wartet zunächst ab und beobachtet. Das genügt meist und schnell ist alles wieder im Lot. Wir können spüren, wie wohl sich die Kinder in ihrem Elternhaus fühlen.

Claudia hat auch vier Kinder, den 14-jährigen Matteo, den elfjährigen Benedikt, den fünfjährigen Leon und die zweijährige Leonora. Chaos pur herrscht in der geräumigen Wohnung. In der Mitte des Wohnzimmers läuft ein überdimensionierter Samsung-Fernseher, während Matteo auf der Couch liegt und sich mit seinem i-Pad beschäftigt. Benedikt ärgert abwechselnd die kleine Leonora oder überhäuft die Mutter mit immer neuen Wünschen. Leon läuft oft wie wild durch die Wohnung. Die Kinder wurden bereits psychologisch untersucht, hyperaktiv oder minderbegabt ist keines von ihnen. Claudia sitzt am Küchentisch und versucht Ordnung zu schaffen, dabei wird sie immer lauter: »Mach das nicht, Benedikt! Kannst du bitte die Kleine in Ruhe lassen? Matteo, kannst du bitte ein bisschen helfen? Leon, sei endlich ruhig, so geht es nicht! Leon, geh in dein Zimmer! Benedikt, hör auf, die Kleine zu schlagen!« So geht es stundenlang, wenn alle vier Kinder zu Hause sind. Robert, der Vater, ist nicht da, er zieht es vor, sich auswärts zu betätigen. Claudia ist am Rande der Verzweiflung: »Ich bin überfordert, lange halte ich das nicht mehr aus.« Inzwischen droht sie beinahe schreiend Konsequenzen an und spricht Fernseh-, Handy- oder Computerverbote aus, die jedoch nicht eingehalten werden. Dann kann es auch zu drakonischen Maßnahmen kommen. Die Kinder werden einfach weggesperrt, bis sie wieder ruhig sind. Geschlagen wird jedoch keines. »Ich schaffe es nicht anders«, seufzt Claudia, »und Robert hilft mir nicht. Es wäre toll, wenn er auch etwas übernehmen könnte. Ich habe schon richtig Angst, wenn ich mit allen vier Kindern allein zu Hause bin. Ich weiß nicht, wie das dann gehen soll, und hoffe nur, dass die Kinder nicht allzu übermütig werden.«

Kindererziehung ist ein Abenteuer, ein Wagnis, nicht nur bei vier Kindern, oft auch bei einem oder zweien. Manchmal läuft alles glatt, einige Eltern müssen nur wenig sagen und trotzdem funktioniert das Miteinander ohne große Probleme. In anderen Familien herrscht das totale Chaos und die Kinder verhalten sich ihren Eltern gegenüber wie kleine Tyrannen. Für uns drängt sich die Frage auf: Wovon hängt es ab, ob Erziehung gelingt, ob Eltern stark und souverän sind? Welche Bedingungen, Prozesse und Entwicklungen lassen Eltern immer schwächer und hilfloser werden? Die Frage, die viele Eltern und Erziehenden beschäftigt, lautet: Was ist das Geheimnis gelingender Erziehung?

Das Geheimnis gelingender Erziehung

Wir wissen ziemlich genau, was wir nicht mehr möchten: nämlich ein autoritäres Erziehungsverhalten, wie es bei unseren Großmüttern und Großvätern oft noch gang und gäbe war. Das Eingehen auf kindliche Bedürfnisse wurde eher kleingeschrieben. Die autoritäre Instanz forderte das Einhalten von Regeln ein, Nichtbeachtung wurde mit strengen Strafen geahndet. Eltern waren unnahbar und entschieden, was richtig und was falsch war. Das vorherrschende Gefühl autoritärer Erziehung war und ist immer noch Angst: Angst, etwas falsch zu machen, Angst zu versagen, Angst, nicht geliebt zu werden. Autoritäre Erziehung setzte oft auf Beziehungsabbruch und Liebesentzug als steuerndes Mittel, häufig kam auch Gewalt hinzu, die heutzutage zum Glück unter Strafe gestellt ist.

Es kann nicht behauptet werden, dass die autoritäre Erziehung nichts fruchtete. Allerdings waren die Resultate in den meisten Fällen oft wenig wünschenswert. Je nach Temperament konnte sich ein Kind oder ein Jugendlicher beispielsweise entweder zu einem angepassten Duckmäuser entwickeln, der sich passiv in die Situation ergibt, oder zu einem Rebellen, der mit offenem Machtkampf und Gegengewalt reagiert.

Gegen Ende der siebziger Jahre des vorigen Jahrhunderts hatte die autoritäre Erziehung, auch aufgrund der schrecklichen Erfahrungen in den Zeiten des Nationalsozialismus und des Zweiten Weltkriegs, eigentlich ausgedient. Die darauffolgenden Konzepte der Laisser-faire- oder der kooperativen Erziehung setzten auf Begegnung, Offenheit, Freiheit, Ermutigung und Vertrauen. Man müsse das Kind nur tun lassen, was es wolle, dann werde es sein Potenzial schon entfalten. Elterliches Regulieren war verpönt und wenn schon, dann galt es alles zu besprechen, auszudiskutieren und Vereinbarungen in Verträge zu fassen.

Die Ergebnisse der antiautoritären kooperativen Erziehung sind ernüchternd. Es ist, wie auch Studien belegen, wenig vom gewünschten Aufblühen und Entfalten der Potenziale zu sehen. Da sich Kinder nach diesem Erziehungsmodell nie anpassen mussten, zeigen viele eine geringe Frustrationstoleranz und eine Tendenz zur Grenzüberschreitung. Vom Temperament her »schwache Kinder« scheinen in der antiautoritären Erziehung, bei der jedes auf sich selbst gestellt ist, schnell unter die Räder zu kommen, um sich ängstlich, depressiv und mit mangelndem Selbstwert in einer immer komplexer werdenden Welt wiederzufinden. Kinder mit stärkerem Temperament, die alles tun und lassen können, was sie wollen, entwickeln sich oft zu richtigen Tyrannen ihrer Familien, denen nichts heilig ist und die ohne Rücksicht auf Verluste ihre eigenen Interessen durchsetzen. Um ihren Selbstwert ist es meist trotzdem nicht gut bestellt, da sie ebenfalls nie gelernt haben, mit Schwierigkeiten zurechtzukommen.

Die Folgen erleben wir heute oft, wenn Eltern jammern und schimpfen, dass ihre kooperativ erarbeiteten Vereinbarungen nicht eingehalten werden und sie nur hoffen können, dass trotzdem alles irgendwie gut geht. Sie verfallen häufig in Passivität oder Resignation, ihnen ist alles egal. Wollen sie dann doch einmal ihre Macht unter Beweis stellen und sich durchsetzen, erschrecken sie vor ihrer eigenen Massivität.

Was also tun, welchen Weg wählen? Ein Modell, das unumstritten einen großen Beitrag zu gelingender Erziehung und guter Entwicklung von Kindern leistet, ist das Modell der sicheren Bindung. Es geht um nicht mehr und nicht weniger als die Vermittlung des Gefühls, immer für seine Kinder da zu sein und so ihr Urvertrauen zu fördern. Der englische Psychoanalytiker und Kinderpsychiater John Bowlby und die amerikanischen Psychologen Mary Ainsworth, Richard Ryan und Edward Deci bezeichnen eine sichere Bindung als Grundvoraussetzung für die Entwicklung kindlicher Eigenständigkeit und Zuversicht, die Kinder die Herausforderungen des Lebens meistern lässt. Damit Kinder sich gut entwickeln, brauchen sie einen Zufluchtsort, einen sicheren elterlichen Hafen. Der sollte so angelegt sein, dass er Booten Schutz bietet, sie aber auch hinausfahren und Erfahrungen machen lässt.

Die Leitsätze dieses Hafens lauten: Ich bin immer für dich da. Du kannst immer zu mir zurückkommen, um aufzutanken, um dich zu erholen oder trösten zu lassen. Der Hafen symbolisiert die offenen Arme der Eltern und ihre bedingungslose Präsenz, auch wenn sich der Grad der Wachsamkeit im Laufe des Lebens verändert. Wenn das Kind anfängt zu krabbeln, sich irgendwo stößt und zu weinen beginnt, findet es Trost in den Armen der Mutter oder des Vaters. Später, wenn es den Kindergarten besucht und am Ende eines langen Tages erschöpft ist, sind ihm seine Eltern ein Hort der Ruhe und der Erholung. Wenn sich Jugendliche aufs weite Meer begeben, können sie sich schon beim Hinausfahren sicher sein, wieder in den heimatlichen Hafen zurückkehren zu können. Diese Gewissheit tragen sie wie eine Kompassnadel in sich. Sie leitet sie und weist ihnen stets die Richtung zum rettenden Festland, auch wenn sie bereits ins Erwachsenenalter eingetreten sind: Dieses Stück Zuhause überdauert alle Krisen und bietet Zuflucht und Sicherheit. Wenn die Sonne scheint und das Meer ruhig ist, ermuntern die Hafenmeister ihre Seeleute, in die Welt hinauszufahren und Neues zu erleben und zu erfahren. Wie ein Leuchtfeuer signalisieren Eltern, immer da zu sein und stets Platz zu haben für Heimkehrer.

Es gibt jedoch, um beim Bild des Hafens zu bleiben, auch noch etwas anderes, was dringend notwendig ist. Denn: Wer oder was verhindert, dass das Schiff im Hafen bei unruhiger See an die Kaimauer schlägt? Wer hält es im Hafen oder bringt es dorthin zurück, wenn auf hoher See plötzlich ein Sturm oder ein Unwetter aufzieht? Wer schützt es vor allerlei Versuchungen, Gefahren und Strömungen? Wer stabilisiert das Schiff, wenn es führerlos in Süchte, Haltlosigkeit, Orientierungslosigkeit, Aggressivität oder Depression abzugleiten droht? Wer sorgt für einen klaren Rahmen, wenn zu viel auf es einströmt? Neben der Funktion des sicheren Hafens zeichnet sich gelingende und selbstbewusste Erziehung auch durch eine sogenannte Ankerfunktion aus, die Regeln und Strukturen vorgibt und das Schiff bei Gefahr im Verzug auf dem richtigen Kurs hält.

Das Grundprinzip starker und gelingender Erziehung ist es daher, erinnern wir uns an Andrea, den Kindern und Jugendlichen ein starker Anker zu sein. Der Anker repräsentiert eine sichernde, wachsame Funktion elterlicher Erziehung. Es steht ohne Zweifel fest, dass Eltern einiges abverlangt wird, um diese Ankerfunktion ausüben zu können. Sie müssen dazu selbst gut verankert sein und von ihrer Selbstwirksamkeit überzeugt sein. Sie müssen vertrauen und daran glauben, dass ihre Kinder sie grundsätzlich brauchen und lieben, und die Fähigkeit entwickeln, ihnen etwas zuzumuten.

Ist diese Fähigkeit, ein guter Anker zu sein, nun manchen Eltern gegeben und manchen nicht? Eine starke Ankerfunktion beruht auf vier wichtigen Elementen, die erlern- und einübbar sind: erstens Struktur, zweitens Präsenz und wachsame Sorge, drittens Unterstützung und viertens Selbstkontrolle und Deeskalation.

Struktur: Die erste Form der Verankerung

In unserer modernen, liberalen Zeit ist es beinahe verpönt, von Struktur, Ordnung und Regeln zu reden, wird diesen doch nachgesagt, die kindliche Entwicklung zu blockieren. Deswegen scheuen sich viele Eltern davor, klare Regeln aufzustellen, weil sie Angst haben, die Beziehung zu ihrem Kind zu gefährden und die gegenseitige Liebe und Freundschaft aufs Spiel zu setzen. Alle unsere Erfahrungen in der Arbeit mit Kindern in Deutschland, Österreich, der Schweiz und Israel sowie weltweite Untersuchungen zeigen hingegen: Wenn in der Erziehung Chaos statt Ordnung herrscht, kommt es zu gravierenden Problemen und Schwierigkeiten. Kindern brauchen einen Rahmen, mit einer reinen, eigenverantwortlichen Bedürfnisbefriedigung sind sie heillos überfordert. Sie wissen noch nicht, was richtig und was falsch ist. Außerdem kreiert Chaos hilflose Eltern, die strukturlos alles akzeptieren. Eine fehlende Ordnung verstärkt kindliche Ängste, fördert und schürt Gewalt, Orientierungs- und Aussichtslosigkeit. Gelingende Erziehung durch eine stabile Ankerfunktion setzt auf verlässliche Strukturen. Die Angst bei Kindern reduziert sich, wenn sie mit in einem klaren Regelwerk aufwachsen. Studien zu Hyperaktivität zeigen außerdem, dass verbindliche Regeln und Rahmenbedingungen, festgelegt durch die Eltern, die betroffenen Kinder deutlich stabilisieren. Struktur wirkt sich also positiv auf das Wohlergehen und die Entwicklung der Kinder aus. Wichtig dabei ist: Die Eltern führen diese Struktur ein, sie ist kein Diskussionsgegenstand. Dies können sie mit folgenden Worten tun: »Das sind unsere Regeln und unsere Rahmenbedingungen – sie festzulegen ist unsere elterliche Pflicht.« Auf diese Weise stärken die Eltern sich und ihre Ankerfunktion.

Präsenz und wachsame Sorge: Die zweite Form der Verankerung

Was ist nun elterliche Präsenz? Sie umfasst alle Handlungen und Haltungen, mit denen Eltern ausstrahlen: »Ich bin hier und ich bleibe da.

Ich bleibe auch da, wenn es unangenehm wird und du mich vielleicht wegschicken willst, oder wenn Gefahren und Probleme drohen.«

Präsenz ist die sich entwickelnde Fähigkeit und Fertigkeit von Eltern, ihre Verantwortung für die Erziehung ihrer Kinder wahrzunehmen, Auseinandersetzungen konstruktiv zu führen und stets Anker zu sein, auch wenn es manchmal schwierig ist. Präsenz ist auch die Überzeugung, selbstwirksam zu sein, und die Überzeugung, dass die eigenen Kinder einen mögen. Präsenz ist die innere Haltung, dass man seinen Kindern etwas zumuten kann.

Die praktische Seite der Präsenz ist die sogenannte wachsame Sorge – ein wichtiges Element der Ankerfunktion. Wachsame Sorge zeichnet sich durch die Haltung aus: »Alles, was mit meinem Kind passiert, ist mir wichtig! Ich möchte im Bilde bleiben und Anteil am Leben meines Kindes nehmen!« Durch wachsame Sorge erkennen Eltern frühzeitig Gefahren und können darauf achten, wann das Tau des elterlichen Ankers straffer gezogen werden sollte und wann es gelockert werden kann. Wachsame Sorge begleitet das Schiff bei hohem Seegang und hält es sicher auf Kurs, lässt es aber zugleich, wenn sich die Wogen geglättet haben, wieder auf die hohe See hinaus.

Es gibt drei Ebenen der wachsamen Sorge: erstens die grundsätzliche Wachsamkeit bezüglich aller möglichen Probleme und Nöte (offene Aufmerksamkeit), zweitens die fokussierte Aufmerksamkeit, wenn Notsignale von Kindern und Jugendlichen gesendet werden, und drittens darauf folgend aktive einseitige Maßnahmen, um das Boot in Gefahrensituationen zu schützen. Die Erfahrung zeigt, dass vor allem Jugendliche beim Einholen des Bootes in den Hafen zwar protestieren, aber in Wirklichkeit sehr dankbar dafür sind, wenn sie im Nachhinein erkennen, wie stark der Sturm eigentlich war. Davon zeugt folgendes kurze Beispiel:

> Ein 16-Jähriger erzählte seiner Freundin, dass seine Mutter total cool sei, ihn alles allein angehen lasse und ihn überhaupt nicht kontrolliere. Er sei frei und unabhängig. Das Mädchen antwortet darauf: »Wirklich? Kümmert sich denn deine Mutter gar nicht mehr um dich?«

Selbstkontrolle und Deeskalation:
Die dritte Form der Verankerung

Erinnern wir uns an Claudia: Ihr Versuch, das Verhalten ihrer Kindern zu steuern, endete im Chaos, und dies aus einem einfachen Grund: So gern wir auch möchten, wir können das Verhalten von anderen nicht kontrollieren und schon gar nicht das unserer Kinder. Das Einzige, was wir kontrollieren können, ist unser eigenes Verhalten. Wir haben es in der Hand, ob wir in ein hilfloses Jammern, Kritisieren oder Ignorieren verfallen oder ob wir auf unsere Kinder und Jugendlichen mit klaren Ansagen und Meinungen zugehen. Wir haben die Möglichkeit, unsere Emotionen und Impulse des Zorns, der Wut und der Unbeherrschtheit gerade in schwierigen Situationen im Zaum zu halten. Uns steht das Instrument der Deeskalation zur Verfügung. Es stärkt unsere Selbstkontrolle und eröffnet auf diese Weise neue Möglichkeiten im Prozess der Erziehung.

Wie nun sich selbst kontrollieren? Entscheidend ist, die eigene Reaktion zu verzögern, abzuwarten und zu schweigen, anstatt vorschnell zu handeln. Diese verzögerte Reaktion, gerade in herausfordernden Erziehungssituationen, ist erlernbar. Schweigen ist ein sehr effizientes Mittel, um zu deeskalieren und sich selbst zu kontrollieren. So können Sie bei Ihren Haltungen und Entscheidungen bleiben und Ihren elterlichen Anker nicht durch Unbeherrschtheit infrage stellen. Verzögerung bedeutet nicht, dass man in Passivität verharrt. Vielmehr können und sollten Sie einem Kind, das sich problematisch verhält, sagen: »Das akzeptiere ich nicht. Ich werde mir meine weiteren Schritte überlegen und komme darauf zurück!« Indem wir das sagen, und später wirklich darauf zurückkommen, beweisen wir, dass wir da sind, wie ein verlässlicher Anker, der am Meeresgrund fixiert ist, um das Schiff zu bremsen, wenn es sich bei Gefahr zu weit zu entfernen versucht.

Unterstützung: Die vierte Form der Verankerung

Kinder und Jugendliche gut zu verankern, gelingt nicht im Alleingang. Auch die innere Stärke, präsent zu sein und wachsame Sorge auszuüben, entsteht oft nicht von allein. Die Kraft, Kindern ein guter Anker zu sein, speist sich nicht nur aus dem Herzen des Einzelnen, sondern vervielfältigt sich durch den Zusammenschluss einer Gruppe. Eltern können ihr Kind besser verankern und ihm Sicherheit bieten, wenn sie mit anderen verbunden sind, beispielsweise mit den Großeltern, ihren Freunden, ihren Geschwistern oder den Freunden des Kindes. Wenn Eltern andere um Unterstützung bitten, hält der Anker besser, denn er bekommt mehr als nur einen Widerhaken. So kann sogar ein sehr kleiner Anker ein großes Boot halten. Eltern, die gut verankert sein wollen, suchen sich auch noch anderweitig Unterstützung, beispielsweise in der Gemeinde, der Nachbarschaft oder in der Schule. Bei Kindern von Eltern, die Unterstützung haben, verringert sich die Auftrittswahrscheinlichkeit problematischen Verhaltens um die Hälfte.

Struktur, Präsenz und wachsame Sorge, Selbstkontrolle und Deeskalation sowie Unterstützung werden in diesem Buch noch weiter ausgeführt. Sie sind wichtige Säulen der neuen Autorität, die auf die systematische Stärkung von Ihnen als Eltern, auf die Intensivierung der Beziehung zwischen Ihnen und Ihren Kindern und auf ein konstruktives Miteinander aller Beteiligten abzielt.

Zusammenfassung

Grundlage für eine gelingende Erziehung sind souveräne und starke Eltern. Damit das Familienmiteinander glückt, sind einerseits ein sicherer Hafen und andererseits ein verlässlicher Anker notwendig, der das verbindende Element zwischen Nestwärme, wertschätzender Beziehung und der Notwendigkeit klarer Regeln ist. Um ein guter Anker zu sein, sind klare Strukturen, Präsenz und wachsame Sorge, ausreichend Unterstützung in der Erziehung sowie die Fähigkeit zur Selbstkontrolle und zur Deeskalation von großer Bedeutung. Was bedeutet das nun für Sie konkret?

Tipps für eine gute Verankerung:

- Sagen Sie sich ganz ruhig: Jedes Mal, wenn ich mit allen Sinnen bei meinem Kinde bin, tue ich schon etwas Gutes!
- Zeigen Sie Interesse und Anteilnahme am Leben Ihres Kindes, haben Sie aufmerksam an seiner Entwicklung teil und bleiben Sie am Puls der Zeit.
- Verbinden Sie sich mit anderen, schaffen Sie ein Wir.
- Bitten Sie um Unterstützung, anstatt beschämt für sich allein zu bleiben.
- Wenn Sie einmal ratlos sind, sagen Sie dem Kind, Sie würden sich weitere Schritte überlegen. Danach schweigen Sie. Dieses Schweigen stärkt vor allem Sie selbst. Wenn Sie nach dem Schweigen auf das problematische Verhalten zurückkommen, zeigen Sie dem Kind Ihre innere Stärke.

- Versuchen Sie sich knapp und unmissverständlich auszudrücken und sich auf das Wesentliche zu konzentrieren. Klare, deutliche Botschaften sind oft besser als langatmige Erklärungen.
- Atmen Sie in schwierigen Erziehungssituationen einige Male ruhig aus und ein. Treten Sie innerlich einen Schritt zurück, bis Sie sich wieder souverän fühlen. Wenn Sie Zweifel haben, wie Sie reagieren wollen, gönnen Sie sich eine Pause, in der Sie sich selber sagen: »Schmiede das Eisen, wenn es kalt ist!«

Wenn Sie weitere Ideen und Erfahrungen haben, was Sie zu einem starken Anker macht, lassen Sie uns dies bitte wissen.

Präsenz oder die Kunst des Daseins

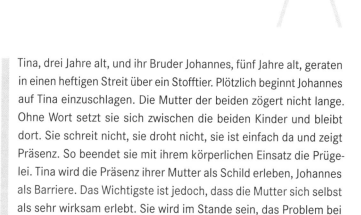

Tina, drei Jahre alt, und ihr Bruder Johannes, fünf Jahre alt, geraten in einen heftigen Streit über ein Stofftier. Plötzlich beginnt Johannes auf Tina einzuschlagen. Die Mutter der beiden zögert nicht lange. Ohne Wort setzt sie sich zwischen die beiden Kinder und bleibt dort. Sie schreit nicht, sie droht nicht, sie ist einfach da und zeigt Präsenz. So beendet sie mit ihrem körperlichen Einsatz die Prügelei. Tina wird die Präsenz ihrer Mutter als Schild erleben, Johannes als Barriere. Das Wichtigste ist jedoch, dass die Mutter sich selbst als sehr wirksam erlebt. Sie wird im Stande sein, das Problem bei Bedarf später noch einmal anzusprechen, hat aber bereits in diesem Moment an Präsenz gewonnen.

Emma kaspert übermütig im Badezimmer bei laufendem Wasserhahn vor dem Spiegel herum. Emmas Mutter ist in der Küche gleich um die Ecke und redet eindringlich auf ihre Tochter ein: »Putz dir die Zähne! Wann wirst du dir endlich die Zähne putzen?« Emma fängt lauthals an zu protestieren und auch die Mutter wird immer lauter, ehe sie sich besinnt: Je mehr sie unkontrolliert schimpft, desto weniger ist sie präsent. Sie beschließt, stattdessen einfach ins Badezimmer zu gehen und schweigend dort zu bleiben. Bald verstummt Emma und steckt sich die Zahnbürste in den Mund. Von da an läuft alles viel besser. Emma zieht ihren Pyjama an und schläft bei der Gutenacht-geschichte ein. Weitere Worte von Seiten der Mutter sind, sieht man vom Vorlesen der Gutenachtgeschichte ab, nicht nötig.

Der 14-jährige Nathanael blickt erstaunt auf, als plötzlich die Tür des von den Jugendlichen selbstgebauten Baumhauses aufgeht. Nathanael ist von zu Hause getürmt, weil eine ungute Auseinandersetzung über unerlaubt genommenes Geld anstand. In der Tür des Baumhauses stehen plötzlich Mama und Papa, sie sagen kein Wort. Nathanael ignoriert sie, doch seine Freunde raunen ihm zu:»Komm, geh mit, erledige das. Wir wollen hier unsere Ruhe und nicht mit hineingezogen werden.« Nathanael folgt seinen Eltern unter lautem Protest:»Wie könnt ihr mich nur so vor meinen Freunden blamieren? Das werde ich euch nie vergessen.« Seine Eltern begleiten ihn schweigend nach Hause. Nathanael kommt der Gedanke, dass es eine schlechte Idee war, wegzulaufen. Nathanaels Eltern sind stolz darauf, das Wagnis auf sich genommen zu haben, zum Baumhaus zu gehen. Noch vor Kurzem hätten sie zu Hause gesessen, sich geärgert und versucht, Nathanael anzurufen, und sich dann noch mehr geärgert, weil Nathanael nicht abgehoben hätte. Außerdem hätte sie Nathanaels Beschwerde, dass sie ihn vor seinen Freunden blamieren, vor einiger Zeit noch völlig aus dem Konzept gebracht, nun sind sie souverän damit umgegangen.

Hans, 16 Jahre, geht nur noch selten zur Schule. Zu Hause dominiert er das Familienleben, insbesondere seit sein bester Freund bei einem Unfall ums Leben gekommen ist. Er kommandiert seine Mutter herum, schreit sie unangebracht an und wird ihr gegenüber auch immer wieder handgreiflich. Regelmäßig artet dies in Prügelei aus. Nach einer Auseinandersetzung, die über das normale Maß hinausgeht, kommt Hans in eine Kinderpsychiatrie. In der Zwischenzeit suchen die Eltern nach Lösungen, um das Familienleben zu entspannen. Da Hans nicht so aggressiv ist, wenn Dritte dabei sind, konzentrieren sie sich auf das Organisieren von Unterstützern: Ein Nachbar will zur Stelle sein, wenn es zu Hause Schwierigkeiten gibt, ein guter Freund ist bereit, Hans zur Schule zu begleiten, nahe Verwandte wollen für Telefongespräche mit Hans zur Verfügung stehen. Als Hans nach Hause zurückkommt, besprechen die Eltern ihre neue Herangehensweise mit ihm und erklären, dass sie Übergriffe zukünftig nicht mehr dulden. Sie entschuldigen sich jedoch auch dafür, ihn manchmal ebenfalls geschlagen zu haben. Die Liste der Unterstützer präsentieren sie Hans ebenfalls. Hans ist mehr erstaunt als wütend über das Vorgehen der Eltern. Sein Verhalten ändert sich nach und nach. Die Eltern von Hans fühlen sich deutlich gestärkt, insbesondere durch die Präsenz ihrer Helfer.

Nur allzu oft fühlen Eltern sich in Erziehungssituationen hin- und hergerissen zwischen freundschaftlicher Sorge um und Unterstützung für ihr Kind sowie der Notwendigkeit, einzugreifen und Grenzen zu setzen. Oft setzen wir in solchen Fällen auf überzogene Erziehungsmaßnahmen oder versuchen im Gegensatz dazu alles beschämt zu ignorieren. Ohnmacht und Hilflosigkeit beschleichen uns dann. Negative Gefühle kommen auf und drohen das Eltern-Kind-Gefüge empfindlich zu stören.

.Was benötigen Eltern in solchen Situationen? Wenn sich die Ereignisse überstürzen und Probleme die Familie zu überschwemmen drohen, ist ein Leitfaden hilfreich, an dem man sein Handeln ausrichten kann. So eine Idee wäre wie eine Kompassnadel, die den Weg nach Norden weist und damit die Orientierung erleichtert. Auch wenn die Eltern ihre Schritte später in eine andere Richtung lenken möchten: Das Wissen darum, wo Norden ist, erlaubt ihnen in Notfällen, voranzugehen und rasch etwas zu unternehmen, das ihnen und ihrem Kind aus der Patsche hilft. Dieser »Norden« ist die Idee der elterlichen Präsenz.

Forschungsergebnisse und zahllose Beispiele aus der Erziehungspraxis bestätigen: Es geht darum, da zu sein und Präsenz zu zeigen. Wir definieren sie folgendermaßen: Elterliche Präsenz ist die Erfahrung, die das Kind macht, wenn seine Eltern mit ihrem Denken und Handeln folgende Botschaft vermitteln: »Wir sind da und wir bleiben da. Wir sind deine Mutter und dein Vater. Du kannst uns nicht wegschieben und du kannst uns nicht entlassen. Wir lassen uns nicht ausgrenzen.« Wenn Eltern dies ausstrahlen, realisiert das

Kind, dass es Eltern hat und nicht bloß Geldgeber oder Dienstleister. Ganz wichtig dabei ist, dass sich Eltern ihres Platzes im Leben der Kinder und ihres Einflusses bewusst sind.

Zwei Pole kennzeichnen die elterliche Präsenz: Auf der einen Seite sind die Eltern die Begleiter und Unterstützer ihrer Kinder. Auf der anderen Seite sind sie aber auch diejenigen, die Grenzen setzen müssen. Um die Balance zwischen diesen beiden Polen herzustellen, ist Präsenz unverzichtbar. Sie ist die Grundvoraussetzung der im vorigen Kapitel beschriebenen Ankerfunktion. Erziehung gelingt im Alltag da, wo Präsenz in Form von Strukturen und Regeln herrscht. Präsenz ist umso wichtiger in Extremsituationen, in denen es darum geht, da zu sein, wenn unsere Kinder und Jugendlichen sich Anordnungen widersetzen, Gewalt ausüben, drohen, tyrannisieren. Gebraucht werden Ansätze, die Eltern stark, sicher und souverän machen.

Innere und äußere Präsenz

Es lassen sich verschiedene Aspekte der elterlichen Präsenz unterscheiden. Zunächst geht es darum, eine Haltung der *inneren Präsenz* aufzubauen, was über die folgenden vier Elemente geschehen kann:

- Erstens über die Annahme: »Mein Kind braucht mich, auch wenn es augenscheinlich die gegenteilige Botschaft zu vermitteln versucht!«
- Zweitens über die Annahme: »Unsere Stärke schützt und sichert das Kind!« Bei allen Spezies gibt es den Instinkt, dass sich die jüngeren, verwundbaren Individuen an den stärkeren, erfahreneren orientieren, um überleben zu können. Das heißt, Kinder brauchen ihre Eltern, und zwar starke Eltern.
- Drittens über die Annahme: »Wenn ich präsent bin, traue ich meinem Kind zu, dass es gut mit Herausforderungen umgehen und Lösungen finden kann!«
- Viertens über die Annahme: »Ich kann meinem Kind zutrauen, dass es meine Botschaften verkraftet und nicht gleich zusammen-

bricht. Und zwar auch dann, wenn mein Kind der Meinung ist, dass es uninteressant ist, was ich zu sagen habe!« Wir können und dürfen es uns als Eltern zutrauen, laut und deutlich unsere Meinung zu sagen, und wir können es unserem Kind zutrauen, dass es dies aushält.

Nach *außen* zeigt sich elterliche Präsenz durch vier Aspekte:
- Erstens durch den Aspekt: »Ich bin da.« Wir Eltern sind physisch und emotional im Leben unserer Kinder anwesend. Wir sind körperlich präsent, stehen zur Verfügung und sind so unmittelbar erfahrbar. Wir sind mit all unseren Sinnen und Gefühlen präsent und zeigen, dass wir unser Kind lieben.
- Zweitens durch den Aspekt: »Wir bleiben da.« Elterliche Präsenz hat einen zeitlichen Aspekt. Wir sind bereit, da zu bleiben, solange eine Durststrecke auch dauern mag. Es ist unsere Aufgabe, unser Kind mit langem Atem ruhig und gelassen zu unterstützen oder ihm bei Bedarf eindeutige Grenzen aufzuzeigen.
- Drittens durch den Aspekt: »Wir sorgen für Klarheit.« Elterliche Präsenz zeichnet sich nach außen dadurch aus, dass bestimmte Regeln und Abläufe festgelegt und eingehalten werden. Das kann vom morgendlichen Aufstehen über das gemeinsame Frühstück, Rituale an Fest- und Feiertagen oder den Umgang mit neuen Medien reichen. Klare Strukturen sind dazu da, Eltern stark und souverän zu machen und um das Chaos einzudämmen.
- Viertens zeichnet sich elterliche Präsenz durch den Beziehungsaspekt aus: »Wir übernehmen die Verantwortung für die Gestaltung der Beziehung zu dir. Wir bleiben deine Mutter, dein Vater. Wir passen auf dich auf und sind wachsam – in allen Bereichen, in denen es notwendig ist. Wir werden dich als Person immer schätzen. Aber gegen deine Verhaltensweisen, die uns aggressiv oder gefährlich erscheinen, werden wir Widerstand leisten, das ist unsere Pflicht. Wir werden dich einfach nicht aufgeben.«

Innere und äußere Präsenz stärkt die Eltern auf drei Ebenen:
- *Auf der Handlungsebene:* Wir können wirksame Maßnahmen zur Durchsetzung unserer Ziele ergreifen.
- *Auf der Ebene des Selbstvertrauens:* Wir fühlen uns stark genug, um gerechtfertigte Maßnahmen zu ergreifen.
- *Auf der Kooperationsebene:* Wir bleiben bei der Erfüllung unserer elterlichen Pflichten nicht allein. Wir bauen uns ein Netzwerk an privater und professioneller Hilfe auf.

Wie kann elterliche Präsenz entwickelt und aufgebaut werden?

Viele Eltern sagen nun: »Alles gut und schön. Es ist ja unumstritten, dass elterliche Präsenz die Grundvoraussetzung einer gelingenden Erziehung ist. Aber wie gelingt die Entwicklung einer solchen inneren Haltung, die uns nach außen souverän handeln und die Balance finden lässt?« Aufgrund jahrelanger Erfahrungen und wissenschaftlicher Forschungsergebnisse können wir eindeutig sagen: Präsenz ist zu jedem Zeitpunkt erlern- und auch lehrbar – für Eltern, Lehrer und alle anderen Betreuungspersonen.

- Präsenz entwickelt sich möglicherweise nicht von heute auf morgen, aber Schritt für Schritt. Mit Ihren Aktionen gewinnen Sie als Eltern an Gewicht und Raum. Sie sind da und bleiben da.
- Elterliche Präsenz entwickeln Sie als Vater oder Mutter nicht allein im stillen Kämmerlein, ohne dass es Ihre Außenwelt erfährt. Sie entwickelt sich durch Hilfe und Beistand, durch das *Wir* einer Unterstützergruppe, die Sie nach und nach aufbauen. Präsenz entwickelt sich, wenn Sie mit der Zeit die Fertigkeit erwerben, auf Eskalation und Gewaltanwendung völlig zu verzichten. Wie wir im vierten Kapitel beschreiben werden, geht es um die Kunst der Deeskalation: das heißt, sich selbst zu steuern und zurückzuhalten, ersten eigenen Impulsen nicht immer nachzugeben und trotzdem stützend und entschieden da zu sein. Deshalb hier noch einmal der Leitsatz: »Schmiede das Eisen, wenn es kalt ist.«

- Elterliche Präsenz, gefühlt als Stärke, Souveränität und Entschlossenheit, entsteht, wenn Sie sich von dem Gedanken, andere kontrollieren zu können, verabschieden. Dies ist leichter gesagt als getan. Immer wieder erliegen wir der Verführung, unsere Kinder direkt oder verdeckt zum gewünschten Verhalten zu bewegen. Das Einzige, was wir jedoch kontrollieren können, sind wir selbst und unsere Handlungen als Eltern. Darauf können wir vertrauen. Je besser wir Kontrolle über unser Handeln gewinnen, umso vielversprechender sind die Auswirkungen auf unsere Kinder. Auf diese Weise können unsere Kinder nicht einfach »gehorsame Kinder«, sondern »kooperierende Kinder« werden. Die Entwicklung von Selbstkontrolle ist der Weg zu einem konstruktiven, manchmal aber nicht einfachen Dialog mit unseren Kindern und Jugendlichen.
- Elterliche Präsenz entwickelt sich, wenn wir beginnen, beharrlich und bei unseren Botschaften zu bleiben, anstatt dem Zwang zu folgen, das Kind beherrschen, es dazu bringen zu wollen, sich unserem Willen zu beugen. Elterliche Beharrlichkeit stützt sich auf die Formel: »Ich kann zurücktreten, um eine Eskalation zu verhindern, aber ich komme auf die Angelegenheit zurück. Ich kann und will mein Kind nicht besiegen, aber ich kann beharren.« Diese Kunst des Wartenkönnens und Dranbleibens baut neue tragfähige Brücken.

- Elterliche Präsenz entsteht, wie wir später noch genauer beschreiben werden, durch das durchaus lustvolle Ausprobieren elterlicher gewaltloser Widerstandsformen.

Ein Beispiel für den letzten Punkt ist die *Telefonrunde,* einsetzbar dann, wenn eine Jugendliche sich weigert, den Eltern zu sagen, wohin sie geht, oder nicht rechtzeitig nach Hause kommt. Sie sammeln im Vorfeld Nummern von Freunden und Bekannten und telefonieren in so einem Fall mit möglichst vielen Personen, um zu erfahren, wo sich Ihr Kind aufhält, um Präsenz zu zeigen und auf diese Weise auch gleich im Beziehungsnetz Ihrer Kinder sichtbar zu werden. Eine weitere Widerstandsform ist das *Nachgehen*. Sie als Eltern erscheinen, wie beim Beispiel von Nathanael, an den Orten, wo möglicherweise ein Problemverhalten auftritt – in der Disko, im Kino oder in einer sturmfreien Bude.

Eine weitere eindrucksvolle Methode, an elterlicher Präsenz zu gewinnen, ist der sogenannte *Sitzstreik* oder das *Sit-in* (dieses Instrument wird im sechsten Kapitel noch einmal genauer beschrieben). Ein Sitzstreik findet im Zimmer des Kindes oder Jugendlichen statt, eventuell unter Beteiligung einer dritten Person als Zeuge, und wird von Ihnen als Eltern beispielsweise mit folgenden Worten eingeleitet: »Wir schätzen dich als unseren Sohn/unsere Tochter und wir werden immer für dich da sein. Wir sitzen hier, um gegen dein Verhalten zu protestieren, und warten auf deine Vorschläge, damit das nicht wieder vorkommt.« Danach verharren Sie schweigend für einen vorher festgelegten Zeitraum im Zimmer. Wenn Ihr Kind einen konstruktiven Vorschlag macht, können Sie den Sitzstreik beenden. Ansonsten beschließen Sie ihn erst nach Ablauf der für den Sitzstreik vorgesehen Zeit mit der Ankündigung, auf die Angelegenheit zurückzukommen.

Ein Sitzstreik ist eine fordernde Maßnahme, die bei guter Durchführung jedoch auch äußerst stärkend ist. Eine genaue Vorbereitung, möglicherweise mit Hilfe von Fachleuten, ist sehr sinnvoll. Wie effektiv ein Sitzstreik sein kann, zeigt das folgende Beispiel:

> Lara, 13 Jahre, hat immer wieder unerlaubt Geld aus dem Portemonnaie ihrer Mutter genommen. Diese entschließt sich, einen Sitzstreik durchzuführen, und setzt sich im Jugendzimmer vor die Tür. Als Lara versucht, ihre Mutter, eine stattliche Frau, wegzuschieben, gelingt ihr das nicht. Ihr bleibt nichts anderes übrig, als während des Sitzstreiks im Raum zu bleiben. Laras Mutter erzählt uns anschließend: »Zum ersten Mal in meinem Leben habe ich es nicht bereut, nie eine Diät gemacht zu haben.«

Alle in diesem Buch vorgestellten Techniken, Übungen und Interventionen dienen einem zentralen Ziel – nämlich der Stärkung der elterlichen Präsenz. Diese führt aus dem Niemandsland elterlicher Orientierungs-, Beziehungs- und Hilflosigkeit heraus und ist der Türöffner für konstruktive Auseinandersetzung.

Nach einem Exkurs zum Thema Helikoptereltern werden wir uns im nächsten Kapitel dem praktischen Teil der Präsenz und damit einem der Hauptelemente zuwenden, wie Eltern Sicherheit und Handlungssouveränität erwerben können: Es geht um das Konzept der wachsamen Sorge.

Exkurs: Helikoptereltern oder wenn die eigene Angst die Erziehung bestimmt

Es kann auch ein Zuviel an elterlicher Präsenz geben, nämlich in Form der Überbehütung oder der Überfürsorge. Helikoptereltern werden jene Eltern genannt, die auf jedes noch so kleine Signal oder Vorkommnis reagieren und wie Hubschrauber über den Köpfen der Kinder kreisen. Helikoptereltern agieren nach außen hin perfekt, sie sind auf jeder Veranstaltung, feuern bei jedem Fußballspiel an, reichen beim Konzert oder Auftritt das Musikinstrument, bügeln vorausschauend kleine Pannen aus und werfen sich für ihre Kinder in die Bresche, wenn irgendein Erfolg gefährdet ist. Mit einem Wort, sie tun alles für ihre Kinder und schaden ihnen damit. Wissenschaftliche Ergebnisse zeigen mehr als eindeutig: Überbehütung kann sich auch negativ auswirken.

Elterliche Präsenz ist keine Spielform von Überfürsorge. Helikoptereltern nehmen Kindern die Luft zum Atmen, sie lassen ihnen keine Wahlmöglichkeiten, da alles möglichst gut vorbereitet und oft auch im Vorgriff erledigt wird. Sie versagen ihnen die Erfahrung, etwas aus eigener Kraft schaffen und stemmen zu können. Sie werten ihre Kinder somit eigentlich ab. Ein eindeutiger Rahmen und klare Ansagen fehlen in solchen Familien oft. Das Kind kann tun und lassen, was es will, weil die Eltern alles managen – jedoch oft mit gravierenden Folgen. Überbehütete Kinder sind häufiger schwer verhaltensauffällig, sind je nach Temperament entweder depressiv oder ungezügelt aggressiv-dominierend oder zeigen psychosomatische Störungen.

Elterliche Präsenz hingegen fordert durch das Prinzip der Selbstkontrolle das eigenständige Handeln der Kinder geradezu heraus – mit gleichzeitiger Garantie, bei drohender Gefährdung energisch eingreifen zu können und eine konstruktive Auseinandersetzung zu führen. Präsenz schafft Autonomie und Zuversicht, Überfürsorge Selbstzweifel und unkontrollierbare Angst.

Testen Sie hier, ob Sie vielleicht »helikoptergefährdet« sind. Falls ein Großteil der folgenden Punkte auf Sie zutrifft, ist zu überlegen, ob Sie vielleicht besser zum Präsenzkonzept wechseln.

□ Sie bügeln jeden Fehler Ihres Kindes aus.
□ Sie versuchen Ihrem Kind das Leben so leicht wie möglich zu machen.
□ Sie helfen täglich bei den Hausaufgaben, Sie sitzen stets daneben und lassen das Kind nichts allein machen.
□ Sie haben immer ein Auge auf Ihr Kind und wollen alles ganz genau wissen.

□ Sie vertrauen in Bezug auf Ihr Kind niemandem.
□ Sie haben die Karriere Ihres Kindes schon komplett durchgeplant.
□ Sie haben die Freizeit Ihres Kindes genau durchgetaktet.
□ Sie prüfen jedes Spielzeug auf das Prädikat »Pädagogisch wertvoll«.
□ Sie können jederzeit für Ihr Kind einspringen und sind für jede Eventualität gerüstet, wenn Ihrem Kind einmal nichts mehr einfallen sollte.
□ Ihr Leben wäre ohne Ihr Kind vollkommen sinnlos. Ihr Kind ist Ihr Lebensinhalt.

Zusammenfassung

Die Kunst der Präsenz besteht darin, über kurz oder lang intuitiv in Erziehungssituationen so handeln zu können, dass Sie Ihrem Kind/ Jugendlichen die Haltung vermitteln können: »Wir sind deine Eltern, dein Vater und deine Mutter. Wir sind da und bleiben da. Du kannst uns nicht wegschieben, entlassen oder terrorisieren. Wir sind deine Eltern, wir tun unsere Pflicht, wir schätzen dich und werden dich nicht aufgeben.«

Präsenz vermittelt Stärke und Souveränität durch die innere Überzeugung, dass das Kind die Eltern und ihren Schutz braucht und dass dem Kind klare elterliche Positionen zumutbar sind. Äußere Präsenz erfordert körperliche und emotionale Anwesenheit, Beharrlichkeit über lange Zeiträume, Klarheit und Struktur sowie eine verantwortungsbewusste Gestaltung der Eltern-Kind-Beziehung.

Tipps für den Aufbau von Präsenz:

- Zeigen Sie obige Haltungen der Präsenz in alltäglichen, aber auch schwierigen Erziehungssituationen.
- Verhalten Sie sich immer so, dass Sie Ihrem Kind begegnen können. Bleiben Sie ruhig, verzögern Sie Ihre Reaktion, damit Sie besser abwägen können und damit die erste Aufregung verrauchen kann: »Schmieden Sie das Eisen, wenn es kalt ist!«
- Handeln Sie gemeinsam statt einsam. Entwickeln Sie ein *Wir*. Das Wir sollte nicht nur den Partner, sondern auch Großeltern, Onkel, Tanten, Freunde, Klassenlehrer umfassen. Die Rolle dieser Unterstützer ist es, Ihre elterliche Präsenz zu bestätigen und zu legitimieren.

- Üben Sie sich in der Kunst des Schweigens, anstatt auf das Kind einzureden. Zu viel Reden verwässert die elterliche Präsenz.
- Warten Sie ab und bleiben Sie beharrlich. Halten Sie an Ihrem Standpunkt fest. Schätzen Sie die kleinen alltäglichen Dinge des Familienlebens: Essen Sie gemeinsam, schaffen Sie Raum für Gespräche, achten Sie auf einen konstruktiven Umgang miteinander, pflegen Sie Rituale. Dieses In-Kontakt-Bleiben erzeugt Präsenz.
- Achten Sie auf Ihre Beziehung. Bleiben Sie immer liebevoll und wertschätzend: »Dich mag ich, dein Verhalten jedoch nicht.« Wenn Sie diese Fähigkeit kultivieren, wird Ihr Kind über sein Verhalten nachdenken müssen. Auf diese Weise haben Sie Ihrem Kind den Ball zugespielt. Es kann initiativ werden, um Herausforderungen zu lösen und neue Zusammenhänge zu entdecken.
- Verfallen Sie nicht in das Extrem, Ihre Kinder stets und ständig wie ein Helikopter zu umschwirren, diese Überbesorgtheit ist ein Zuviel an elterlicher Präsenz.

Wachsame Sorge oder die Kunst, Gefahren vorzubeugen

Wiederholen wir noch einmal, was Eltern stark und souverän in der Erziehung macht. Drei Punkte standen bislang im Mittelpunkt:

- *Erstens die Fertigkeit, dem Kind einen sicheren Hafen zu bieten:* Um sich optimal entwickeln zu können, braucht das Kind Zuversicht und Selbstvertrauen, einen Platz, wo es emotional auftanken kann, wo es Trost findet nach einem bewegenden Ereignis oder einer Niederlage. Das ist der sichere Hafen.
- *Zweitens die Fertigkeit, als Anker zu dienen:* Das entscheidende Grundprinzip des Handelns starker Eltern ist die Ankerfunktion. In ihrer Ankerfunktion sind die Eltern auf der Hut und sorgen dafür, dass dem Kind nichts geschieht. Vier Elemente der Ankerfunktion haben wir kennengelernt: Struktur, Präsenz und wachsame Sorge, Selbstkontrolle und Deeskalation sowie Unterstützung.
- *Drittens die Fertigkeit und Bereitschaft, stets für das Kind da zu sein:* Die engsten Bezugspersonen, vor allem also die Eltern, sollten verlässlich hinter dem Kind stehen. Dieser stille »Hintergrunddienst« ermutigt das Kind, die Welt zu entdecken.

Präsenz ist die intuitive Fähigkeit von Eltern, die Haltung zu vermitteln, da zu sein, da zu bleiben und sich nicht wegschieben zu lassen. Doch wie funktioniert das ganz praktisch im Familienalltag? Hier kommt das Konzept der wachsamen Sorge zum Einsatz. Schauen wir einmal genauer hin.

Angesichts der Fülle an Unterhaltungsangeboten, der vielen Versuchungen, denen unsere Kinder ausgesetzt sind, scheint es nahezu unmöglich, die Aufgabe zu erfüllen, unsere Kinder vor aller Unbill zu beschützen. Die gute Nachricht aus der Forschung ist: Präsente elterliche Aufsicht kann Gefahren verringern und Kindern genügend Stärke geben, nicht mitgerissen zu werden. Kinder mit verlässlicher elterlicher Begleitung sind weniger Bedrohungen ausgesetzt. Und eigentlich ist es ziemlich einfach, diese elterliche Haltung zu entwickeln: Sie als Eltern brauchen sich nur immer wieder vor Augen führen, dass das Leben Ihres Kindes für Sie von größtem Belang ist und Sie es als Ihre Pflicht ansehen, zu wissen, was sich im Alltag Ihres Kindes abspielt.

Wachsame Sorge bedeutet, auf aktive und respektvolle Weise am Leben Ihres Kindes teilzuhaben. Darauf zu achten, wie die Kinder ihr Leben gestalten, ist nun kein künstlich aufgepfropftes Etwas. Wachsam zu sein ist, wie die moderne Neurobiologie beweist, uns Menschen einfach in die Wiege gelegt. Nicht erst seit Entdeckung der Spiegelneuronen wissen wir, dass wir am Schicksal anderer Anteil nehmen, erst recht, wenn sie Notsignale aussenden. Etwas vereinfacht kann man sagen, dass uns Menschen und besonders uns Eltern durch unsere Entwicklungsgeschichte ein Beschützerinstinkt mitgegeben worden ist. Eine Mutter etwa, die trotz lauten Verkehrslärms bei offenem Fenster schlafen kann, ist sofort hellwach, wenn nebenan das Baby nur den kleinsten Laut von sich gibt. Wachsame Sorge ist ein flexibler Prozess der Begleitung und Unterstützung unserer Kinder und der Teilhabe an ihrem Leben.

Wachsame Sorge als flexibler Prozess

Wie wir gesehen haben, wird die wachsame Sorge je nach Alter und aktueller Situation einmal mehr und einmal weniger intensiv ausfallen. Wir können drei Grade der elterlichen Fürsorge unterscheiden:

- *Die offene Aufmerksamkeit:* Die Eltern schenken den Vorgängen im Leben ihres Kindes Aufmerksamkeit und üben zugleich eine gewisse Vorsicht.
- *Die fokussierte Aufmerksamkeit:* Wenn etwas Besorgniserregendes vorgefallen ist, fragen die Eltern gezielt nach.
- Der höchste Grad der wachsamen Sorge sind *einseitige Schutzmaßnahmen* der Eltern.

Offene Aufmerksamkeit

Die Eltern des 15-jährigen Raphael machen sich Sorgen, als Raphael beginnt, jeden Nachmittag nach den erledigten Hausaufgaben mit dem Moped wegzufahren, Freunde zu treffen und am Abend spät nach Hause zu kommen. Raphael kommt zwar immer pünktlich, oft ist er aber nicht erreichbar, was die Eltern beunruhigt. Das Verhältnis von Raphael zu seinen Eltern ist von Offenheit geprägt. In einem Gespräch mit Bekannten erhalten die Eltern den Tipp, dass es möglicherweise günstig wäre, wenn Vater und Sohn »Männergespräche« führen würden. Also lädt der Vater Raphael ein, jeden Freitag zusammen Kaffee zu trinken. Dabei erzählt Raphael viel von seinen Aktivitäten und auch der Vater kann ganz ungezwungen von seinem Leben als junger Mann berichten und zugleich anbringen, wie wichtig es ist, sich auf jemanden verlassen zu können. Raphael stimmt ihm zu. Eine Garantie, dass er zukünftig immer alle Absprachen einhalten wird, gibt es damit zwar nicht. Jedoch ist der Grundstein dafür gelegt, dass er sich in Zukunft vielleicht eher an den Vater bzw. seine Eltern wendet, wenn es etwas Besonderes zu berichten gibt.

Offene Aufmerksamkeit ist es, wenn Eltern mit ungezwungenen Gesprächen allgemeines Interesse am Leben und an den Aktivitäten ihres Kindes zeigen. Die Eltern vermitteln dabei, sich auf ihr Kind zu verlassen. Dieser offene Dialog ist keine Befragung, sondern vermittelt Nähe und Unterstützung und fördert zugleich wertvolle

Informationen zu den Gefühlen, Wünschen und Vorhaben des Kindes zutage. Der offene Dialog signalisiert dem Kind, dass die Eltern ihm Beachtung schenken, für es da sind. Er vermittelt immer das Gefühl der beschützenden Begleitung und ist die Basis für die Fähigkeit des Kindes, auf sich selbst achtzugeben. Es ist nicht erforderlich, dass Kinder in solchen Gesprächen viel reden. Oft genügen einfache Jas und Neins. Wichtig ist das Sprechen miteinander, das Interesse aneinander und nicht unbedingt die Antworten, die das Kind gibt. Solange die Eltern Aufmerksamkeit zeigen, fühlt sich das Kind wahrgenommen. Es erfährt elterliche Präsenz.

Fokussierte Aufmerksamkeit

Miriams Mutter, Elke, bemerkt, wie sich ihre 15-jährige Tochter zusehends verändert, als sie nach ihrem Schulabbruch einen geförderten Kurs zur Berufsfindung besucht. Miriam wird schweigsam, hält sich nicht an Vereinbarungen, kommt spät heim und schreckt nicht vor heftigen Äußerungen ihrer Mutter gegenüber zurück. Dies steigert sich noch, als Miriam ihren Freund Patrick kennenlernt. Elke hat Angst davor, etwas zu sagen, da sie alleinerziehend ist und fürchtet, das Wohlwollen und den Kontakt zu ihrer Tochter zu verlieren. Nach einer Beratung in der Familienberatungsstelle fasst sich Elke ein Herz und beschließt, ihre Tochter gezielter zu befragen. So wartet Elke eines Abends auf Miriam und kündigt an, dass sie zu einem geeigneten Zeitpunkt gern mit ihr über die Ausgehregeln sprechen würde. Miriam protestiert, aber die Elke sagt: »Wir reden morgen in Ruhe darüber, nicht jetzt. Keine von uns ist jetzt in der Stimmung dafür.« Untertags erinnert Elke ihre Tochter an das Gespräch. Als es dann am Abend soweit ist, fragt sie, wer Patrick eigentlich sei, wie sie ihn kennengelernt habe, was er mache und wo er wohne. Als Miriam sich beschwert, sagte Elke: »Dein Verhalten hat sich geändert. Ich möchte dich besser verstehen. Und zu wissen, wer dein Freund ist, ist mir sehr wichtig, weil du mir wichtig bist!« Außerdem bittet sie ruhig darum, dass Miriam sie darüber informiert, wo sie abends hingeht und wann sie wieder nach Hause kommt bzw. dass sie ihr eine SMS schreibt, wenn sie sich verspätet. Miriam protestiert wieder, aber Elke bleibt beharrlich: »Es ist nicht viel, was ich verlange. Wenn du dazu bereit bist, werde ich mich in Zukunft immer mehr auf dich verlassen können!« Elke bemüht sich außerdem darum, die Mutter von Patrick kennen zu lernen. Beide Mütter finden bei einem Treffen heraus, dass sie einander sehr gut unterstützen können.

Manchmal dürfen sich Eltern nicht mit einem offenen Dialog zufriedengeben, sondern es gibt Situationen, in denen Eltern ihre Aufmerksamkeit verstärken und gezielte Fragen stellen sollten – nicht nur ihrem Kind. Das kann der Fall sein, wenn die schulischen Leistungen nachlassen, wenn starke Stimmungsschwankungen auftreten, wenn Kinder und Jugendliche sich nicht an Abmachungen halten oder sich höchstwahrscheinlich in nicht vertrauenswürdiger Gesellschaft befinden. Eine solche Befragung ist nicht ausschließlich dann sinnvoll, wenn es Hinweise auf besorgniserregende Entwicklungen gibt, sondern auch dann, wenn das Kind vor einem neuen Lebensabschnitt steht, beispielsweise vor dem Auszug aus dem Elternhaus.

Fokussiertes Fragen dient drei zentralen elterlichen Anliegen:
- Erstens bekommen die Eltern mit, wenn ihr Kind neuen Freizeitbeschäftigungen nachgeht und mit wem es dies tut.
- Zweites erinnert sich das Kind daran, dass die Eltern sich vorbehalten, in manchen Fragen der Entwicklung und des Verhaltens mitzureden.
- Drittens ermöglicht es den Eltern, ihre wachsame Sorge zum richtigen Zeitpunkt zu verstärken – nämlich dann, wenn die Warnlampe leuchtet.

Eltern sollten das Ziel verfolgen, Information einzuholen und zu erkennen zu geben, dass sie sich am Leben des Kindes beteiligen. Der Übergang von einer offenen zu einer gezielten Befragung bedarf in der Regel genauer Vorbereitung. Dies zerstreut auch die Sorgen der Eltern, dass eine Befragung etwas Unangenehmes, Unerwünschtes sei und negative Auswirkungen habe. Das Gegenteil ist der Fall, Kinder und Jugendliche reagieren zwar zunächst häufig mit Protest, aber oft auch positiv auf solche offenen Befragungen. Sie spüren, dass ihre Eltern es gut mit ihnen meinen.

Einseitige Schutzmaßnahmen

Der 15-jährige Samuel geht zu Hause ein und aus, wie er will. Wenn seine Eltern fragen, wo er denn hingehe, fährt er sie an, dass sie das nichts angehe. Zudem stellen die Eltern fest, dass immer wieder Geld fehlt, das Samuel mit seinen Freunden ausgibt. Lange wagen die Eltern nicht einzuschreiten. Ermutigt durch ein Gespräch in einer Erziehungsberatungsstelle beginnen sie eine Telefonliste seiner Freunde und Klassenkameraden zusammenzustellen. Das sagen sie Samuel offen und bleiben auch dabei, als Samuel ihnen droht: »Tut das bloß nicht!« Als Samuel wieder einmal verschwunden ist und auch etwas Geld fehlt, telefonieren sie die Liste durch. Einer der Freunde erzählt nach etwas Herumdrucksen, dass sie in einer Kneipe seien, wo Samuel gerade eine Runde ausgebe. Ohne zu zögern machen sich die Eltern auf den Weg ins Lokal. Als Samuel sich weigert, mit ihnen zu gehen, antworten sie, sie würden auf ihn warten, und setzen sich an einen anderen Tisch. Dieser Auftritt entschiedener Präsenz überzeugt Samuel, wenn auch unter Protest, mit seinen Eltern nach Hause zu gehen. Sie berichten später in der Beratungsstelle, dass diese Aktion sie unglaublich gestärkt habe. Endlich seien sie aus der Misere herausgekommen.

Der 16-jährige hochbegabte Tobias schwänzt die Schule, wann es ihm beliebt. Hat er die Nacht zuvor zu lange am Computer gesessen und am nächsten Tag keine Lust, in die Schule zu gehen, teilt er dies seinen Eltern unwirsch mit. Um des lieben Friedens willen verhalten sich die Eltern lange still. Dann aber entschließen sie sich – nicht ohne Tobias vorher darüber zu informieren, der darauf fast randalierend reagiert –, die Schule um Hilfe zu bitten. Sie vereinbaren ein gemeinsames Gespräch mit Tobias' Lehrern. Daraufhin nimmt die Klassenlehrerin mit Tobias Kontakt auf und teilt ihm mit, dass sie bereit wäre, ihm zu helfen, in die Klasse zurückzukehren und den versäumten Stoff nachzuholen. Zur allgemeinen Überraschung ändert Tobias daraufhin sein Verhalten. Die versäumten Tage in der Schule nehmen ab und seine Beziehung zu seinen Eltern und zur Klassenlehrerin verbessert sich erheblich.

Wenn Eltern bemerken, dass gezielte Befragungen nichts nützen, dass sich die Warnzeichen häufen und sie Anlass zu begründeter Sorge haben, ist es an der Zeit, ihre Präsenz und Wachsamkeit zu verstärken. Sie werden nun auch Maßnahmen ergreifen, um problematische Verhaltensweisen einzuschränken und Schaden vom Kind abzuwenden. Einseitige Schutzmaßnahmen stellen den höchsten Grad der wachsamen Sorge dar. Das Wort Maßnahmen deutet darauf hin, dass es sich nicht nur um Handlungsabsichten handelt, sondern dass die Eltern nun wirklich aktiv werden. Einseitig bedeutet in dem Zusammenhang, dass diese Maßnahmen *nur* von den Eltern abhängen und nicht das Einverständnis des Kindes erfordern. All unsere Erfahrungen und zahlreiche Forschungsergebnisse belegen eindeutig: Dort, wo Eltern angemessen unterstützt werden, sind sie fähig, solche Maßnahmen zu ergreifen und ihrer Rolle gerecht zu werden. Es gelingt ihnen auf diese Weise, einschneidende Verhaltensänderungen ihres Kindes zu erwirken und sie zu schützen – ganz ohne Zwang.

Wie Sie sicher bemerken, sind Ihnen diese verschiedenen Grade der wachsamen Sorge eigentlich nicht fremd. Bei Säuglingen und kleineren Kindern erfolgt der Wechsel zwischen den verschiedenen Stufen, von der offenen zur fokussierten Aufmerksamkeit bis hin zu einseitigen Maßnahmen, oft ganz intuitiv, beinahe fließend. Nehmen wir das folgende Beispiel:

Ein Vater geht mit seinem Sohn auf den Spielplatz. Die meiste Zeit wird der Vater ruhig auf der Bank sitzen und seine Zeitung lesen können, während der Sohn, vom Vater aus den Augenwinkeln beobachtet, im Sandkasten spielt. Sobald es unruhig wird oder sein Sohn nach ihm ruft, wird er seine Aufmerksamkeit auf das Kind richten und sich der Situation zuwenden. Stellt er fest, dass es nur eine kurze Meinungsverschiedenheit darüber gab, wer wann auf das Klettergerüst darf, die sich rasch wieder löst, kann er zur offenen Aufmerksamkeit zurückkehren. Bemerkt er aber, dass das Kind nicht mehr allein vom Klettergerüst herunterkommt oder dass es dort oben mit anderen streitet, so wird er aktiv werden, um die Gefahr abzuwehren, also einseitige Maßnahmen ergreifen.

Je älter die Kinder werden, umso schwieriger können sich die Übergänge zwischen den einzelnen Phasen gestalten, nimmt doch die Unabhängigkeit der Kinder zu. Es ist empfehlenswert, dass Eltern sich bei Warnsignalen auf die verschiedenen Grade vorbereiten und auch den Widerstand des Kindes mit einberechnen. Eines ist dabei ganz klar: Bei drohender Gefahr ist eine intensive Begleitung eines älteren Kindes genauso wichtig wie bei einem jüngeren. Das ist Teil der elterlichen Erziehungspflicht. Denn: Wachsame Sorge in ihren verschiedenen Graden stärkt die Fähigkeit des Kindes oder des Jugendlichen, auf sich selbst zu achten und Verantwortung zu übernehmen. Diese Fähigkeit entwickelt sich beim Kind genau deshalb, weil es die Begleitung und wachsame Sorge der Eltern erlebt und verinnerlicht. Wachsame Sorge erzeugt Selbstsorge.

Fallen der wachsamen Sorge

Eigentlich klingt das alles einleuchtend: Es braucht nicht mehr als die Bereitschaft, am Leben des Kindes teilzunehmen und dieses unterstützend zu begleiten. Trotzdem tun sich viele Eltern sehr schwer mit dem Ausüben der wachsamen Sorge und der elterlichen Aufsicht.

Fragen wie die folgenden tauchen auf: Was nutzt es schon, wenn ich mein Kind beaufsichtige? Wenn ich etwas sage, wird sich meine Tochter von mir abwenden und unsere Beziehung wird gänzlich zerbrechen. Mein Sohn wird wütend werden, wenn wir diesen Schritt gehen, und alles kurz und klein schlagen. Wie soll sich mein Kind denn zu einem unabhängigen, selbständigen Menschen entwickeln, wenn ich es ständig begleite und kontrolliere?

Die *erste Falle* im Umgang mit wachsamer Sorge als Form der Präsenz liegt in der Ansicht, dass elterliche Aufsicht Misstrauen, Kontrolle und Überwachung bedeutet. Das Gegenteil ist der Fall. Elterliche Aufsicht und wachsame Sorge sind gerade deswegen notwendig, weil Eltern ihre Kinder sowie sämtliches Tun und Lassen ihrer Sprösslinge nicht ständig im Blick behalten können. Auch wenn manche Eltern diese Tatsache beklagen: Ein anderer Mensch ist grundsätzlich nicht kontrollierbar. Man kann vielleicht ein Kind, einen Jugendlichen einschüchtern, ihm möglicherweise mit physischer Gewalt drohen und so die Illusion einer Kontrolle erzeugen.

Sobald sich das Kind jedoch von seinen Eltern entfernt, entzieht es sich dieser Kontrolle. Demgegenüber hat sich wachsame Sorge als effektives Maßnahmenpaket elterlicher Aufsicht und Begleitung herausgestellt. Dazu kommt, dass das Kind wahrnimmt, dass sich seine Eltern in erreichbarer Nähe befinden, für es da sind und auf es achten. Wachsame Sorge ist also keine elterliche Kontrolle, sondern elterliche Begleitung. Wachsame Sorge sorgt dafür, dass das Kind sicherer aufwächst, und fördert die Fähigkeit des Kindes, auf sich selbst aufzupassen. Dazu muss der andere präsent sein, und zwar freundlich und gewaltlos. Drohungen führen nicht zur Verinnerlichung gewünschten Verhaltens, sondern eher zum Impuls, zu fliehen oder zu verheimlichen.

Die *zweite Falle* im Umgang mit wachsamer Sorge ist die Befürchtung, das Kind in seinen persönlichen Freiräumen zu sehr einzuschränken. Die Grundfrage lautet: Wie lässt sich die Notwendigkeit elterlicher Begleitung mit dem Bedürfnis und Recht auf Privatsphäre vereinbaren? Die Privatsphäre ihres Kindes ist für viele Eltern ein unantastbares Gut, Eingriffe gelten häufig als inakzeptabel. Und das, obwohl Jugendliche und Kinder noch nie so vielen Versuchungen ausgesetzt waren wie in der heutigen Zeit. Oft reicht schon die

Andeutung ihres Kindes, sie würden sich ungebührlich in sein Leben einmischen, aus, damit Eltern sich sofort machtlos fühlen: »Das ist mein Zimmer, mein Geld, mein Leben! Halt dich da raus!«, ist immer wieder zu hören. Die Auflösung dieses Paradoxons ist einfach: Das Recht auf Privatsphäre erfährt Einschränkungen, wenn Warnsignale elterliche Fürsorge nötig machen, und Begrenzungen lockern sich, wenn es keinen Grund zur Sorge (mehr) gibt. Der Reflex, dem Kind unbesehen Privatsphäre einzuräumen und es gewähren zu lassen, hindert Eltern gerade in kritischen Situationen abzuwägen, was wichtiger ist: uneingeschränkte Freiräume für das Kind oder seine Sicherheit und Entwicklung. Wachsame Sorge ist kein Hindernis für ein selbstbestimmtes, selbstständiges Leben, sondern ermöglicht es erst.

Die *dritte Falle* ist die Befürchtung, das Vertrauensverhältnis zu seinem Kind aufs Spiel zu setzen. Wie lässt sich wachsame Sorge mit einem vertrauensvollen Verhältnis zu seinem Kind vereinbaren?

> Renato schwänzt häufig die Schule und geht schon mit seinen 13 Jahren in Cafés. Seine Hausaufgaben erledigt er nie. Seine Eltern, die ihn zur Rede stellen, kann er immer mit demselben einfachen Satz beschwichtigen: »Ich kriege das hin, vertraut mir doch.« Als sich dann per Zufall herausstellt, dass Renato die Schule gar nicht mehr besucht und im Begriff ist, im Drogensumpf zu versinken, kommt es zu Hause zu einer schwierigen Auseinandersetzung. Als Renato wieder auf die Taste drückt: »Ihr habt kein Vertrauen in mich!«, erinnerte sich der Vater an den Tipp des Elternberaters. Er antwortet Renato ruhig: »Ich vertraue dir nur teilweise, weil du vieles vor uns verheimlicht hast. Aber ich bin bereit, dir nach und nach mehr Vertrauen zu schenken, wenn sich die Dinge positiv entwickeln!«

Die meisten Eltern empfinden gegenseitiges Vertrauen als ein Zeichen einer respekt- und liebevollen Eltern-Kind-Beziehung. Vertrauen ist sicherlich eine gute Basis, es ist jedoch keinesfalls so, dass Kinder sich nur gut entwickeln können, wenn sie das uneingeschränkte Vertrauen ihrer Eltern genießen. Wenn Kinder lügen und verheimlichen, dann sind Sie als Eltern gefragt. Sie sollten genauer hinschauen, was sich im Leben Ihrer Kinder tut, und manchen Berichterstattungen weniger Glauben schenken. Denn wenn Sie entdecken, dass Ihr Vertrauen missbraucht wird, führt dies oft zu bitterer Enttäuschung. Es ist in manchen Situationen besser, Ihrem Kind nicht blindlings zu vertrauen und dies auch offen zu kommunizieren. Sie sollten dies allerdings nicht drohend, gekränkt oder empört tun, sondern wertschätzend. Ihr Vertrauen in das Kind wird zunehmen, wenn sich das Kind an Absprachen hält, und abnehmen, wenn es versucht sich herauszureden oder etwas zu verheimlichen. Vertrauen ist etwas, dass man sich in einer Beziehung erarbeitet.

Die elterliche Fürsorge kann also ganz flexibel je nach Situation einmal etwas lockerer und ein anderes Mal etwas strenger gehandhabt werden. Das führt uns zu zwei weiteren Fallen im Umgang mit wachsamer Sorge.

Kommen wir zunächst zur *vierten Falle:* die zu ängstliche Aufsicht. Eltern, die in ihrer oft begründeten Sorge ihre Kinder zu gewissenhaft beaufsichtigen, erliegen oft der Versuchung, ihnen gar nichts mehr zu erlauben und ihnen alle aus ihrer Sicht potenziell gefährlichen Aktivitäten zu untersagen, obwohl diese für die soziale Entwicklung des Kindes wichtig wären.

Wie können Sie nun feststellen, ob Sie eine zu ängstlich beaufsichtigende Person sind? Ein Kriterium ist, dass Sie über alles, was Ihr Kind betrifft, genauestens informiert sein wollen. Wo hält sich Ihr Kind auf? Was genau tut es, mit wem ist es wie lange unterwegs? Sie vermuten Schwierigkeiten auch dort, wo sich möglicherweise gar keine verbergen. Es geht darum, die Balance zu halten, einen Mittelweg zu finden. Die meisten Eltern wissen jedoch intuitiv, wenn sie ihr Kind zu besorgt beaufsichtigen. Ihr Bedürfnis, über alles Bescheid wissen zu wollen, speist sich in dem Fall eher aus ihrer Angst als aus konkreten Warnsignalen. Es fällt Eltern leichter, eine weniger ängstliche Aufsicht auszuüben, wenn sie Alternativen dazu kennen. Wenn sie wissen, wie sie im Fall der Fälle von offener Aufmerksamkeit zu fokussierter Aufmerksamkeit und wenn notwendig auch zu einseitigen Maßnahmen übergehen können, werden sie sich und dem Kind auch mehr vertrauen, wenn es keine besonderen Grund zur Beunruhigung gibt.

Die fünfte Falle ist die Spionagefalle. Wenn Eltern in großer Sorge sind, dass ihre Kinder besorgniserregenden Tätigkeiten nachgehen, neigen sie manchmal dazu, hinter ihnen herzuspionieren, ohne ihnen etwas zu sagen. Das vergiftet die Beziehung, auch dann, wenn das Kind nichts von der Detektivarbeit der Eltern ahnt. Werden die Eltern dabei ertappt, was eigentlich regelmäßig der Fall ist, verstricken sie sich beim Versuch, ihr Spionieren durch Flunkereien oder anklagende Bemerkungen zu vertuschen, noch tiefer in Widersprüche. Es ist in diesem Fall nicht verwunderlich, dass sich Eltern und Kinder immer weiter voneinander entfernen.

Hubert ahnt, dass seine Tochter Drogen nimmt, traut sich aber nicht, sie offen danach zu fragen. Stattdessen bittet er einen Freund bei der Polizei um Hilfe. Der stellt das Mädchen zur Rede und tut so, als ob der Vater von nichts wüsste. Die Tochter gesteht und bittet den Freund des Vaters zugleich, ja nichts zu sagen. Die Maßnahme ist zwar einerseits erfolgreich, weiß doch der Vater nun über den Drogenmissbrauch Bescheid, andererseits belastet die bewusste gegenseitige Verheimlichung die Vater-Tochter-Beziehung noch mehr.

Die Umsetzung wachsamer Sorge im Alltag

Wie lässt sich nun elterliche Aufsicht in Form wachsamer Sorge im Alltag am besten bewerkstelligen? Auf sieben Punkte wollen wir in diesem Zusammenhang im Folgenden näher eingehen.

Regelmäßiger Kontakt zwischen Eltern und Kindern

Je mehr unmittelbaren Kontakt Sie mit Ihrem Kind haben, desto größer wird Ihre Souveränität sein. Die wesentlichste Form des Kontakts ist ein geregelter gemeinsamer Alltag, der vom Familienfrühstück bis zur abendlichen Spielerunde reichen kann. Wenn Sie bemerken, dass Sie vielleicht nicht mehr gemeinsam essen, weil Ihr Kind entweder vor dem Fernseher sitzt oder außer Haus ist, dann führen Sie das doch einfach wieder ein. Gemeinsam verbrachte Zeit ist der beste Weg, elterliche Präsenz zu erhöhen. Was Sie brauchen, um ein Familienmiteinander (wieder) zu installieren, ist der unerschütterliche Glaube, dass Sie für die Entwicklung Ihres Kindes verantwortlich sind und daher die Berechtigung haben, in diesem Punkt deutlich aufzutreten. Wie wir beim Deeskalationskapitel noch sehen werden, kommt es nur darauf an, in welcher Atmosphäre dies geschieht.

Offener Dialog

Entscheidend für die erfolgreiche Durchführung elterlicher Aufsicht in Form wachsamer Sorge ist die Art und Weise des Dialogs zwischen Eltern und Kindern. Hier kann eine grundlegende Regel mitgegeben werden: Ein offenes Gespräch, mit dem sich beide Seiten wohlfühlen, Eltern und Kind, ist um ein Vielfaches wertvoller als ein oft verdecktes Herauskitzeln von Informationen. Doch wie diesen Dialog führen, wenn Kind oder Jugendlicher nicht reden mag oder provoziert? Wie wir im Kapitel über Selbststeuerung und Deeskalation noch besprechen werden, geht es vor allem darum, die eigene Reaktion zu verzögern, um sich selbst zu finden. Verfallen Sie nicht in eines der beiden im Folgenden geschilderten Extreme.

> Robert fährt seine Mutter beim Mittagstisch an: »Warum musst du mir das jetzt erzählen und mich über Schule und Freunde ausfragen, wo ich doch gerade Mittag essen will?« Diese erwidert kleinlaut: »Entschuldige, Robert, so habe ich das nicht gemeint, tut mir leid.« Das andere Extrem wäre, wenn sie sofort selbst zum Angriff übergehen würde: »So lasse ich nicht mit mir reden.«

Die goldene Mitte und beste Reaktion wäre, gelassen zu bleiben und wenn einem nichts einfällt, einfach zu schweigen. Die Mutter könnte sagen: »In Ordnung, dann iss jetzt erst einmal auf, ich komme später darauf zurück!« Wenn die Mutter die Ruhe behält und wirklich auf ihr Anliegen zurückkommt, stimmt die Balance zwischen elterlicher Präsenz und Selbstkontrolle.

Über ein erstes Schweigen ergeben sich oft die besten Möglichkeiten. Es hilft darüber hinaus, dem anderen gegenüber wohlwollend zu bleiben. Am besten ist es, interessiert nachzufragen, wie eine Äußerung gemeint war, wenn man die innere Contenance wiedergewonnen hat. Wir alle wissen: Offen und entspannt reden und gut zuhören kann man erst dann, wenn es gelungen, ist eine gewisse Resonanz und emotionale Verbindung zum anderen aufzubauen.

Ein geeigneter Anfang für ein offenes Gespräch wäre, dem Kind zu sagen: »Ich habe gemerkt, dass … (hier folgt eine kleine Beobachtungsschilderung wie z. B. »dass du einen neuen Freund hast« oder »dass du später von der Schule kommst« oder »dass du weniger und weniger isst und sehr mager geworden bist«). Durch diese respektvolle Annäherung machen Sie als Mutter oder Vater deutlich, dass Sie Ihr Kind wahrnehmen und es nicht unsichtbar für Sie ist. Dies ist eine sehr positive Erfahrung, beschweren sich doch immer wieder Jugendliche über ihre Eltern: »Sie übersehen mich einfach!«

Aufbau eines Unterstützernetzwerks

Eltern, die ihr Kind ganz allein erziehen wollen, werden bald merken, dass das nur begrenzt möglich ist. Präsenz und wachsame Sorge sind dann gut machbar, wenn es Ihnen gelingt, ein funktionierendes Netzwerk der Unterstützung aufzubauen und Probleme in geeigneter Form öffentlich zu machen (siehe fünftes Kapitel). Dagegen steht oft das Argument, dass Kind nicht vor versammelter Mannschaft blamieren zu wollen und es davor zu bewahren, vor Scham im Erdboden zu versinken. Das Scham und Gewissensbisse immer schlecht für die Entwicklung des Kindes sind, ist jedoch ein Trugschluss. Häufig scheuen Eltern sich deshalb, Familienprobleme gegenüber Verwandten und Freunden offenzulegen, obwohl diese meist schon wissen, was los ist. Anderen von Schwierigkeiten und Fehlverhalten des Kindes zu berichten, ist gewiss eine herausfordernde Angelegenheit.

Schließlich hat man Angst davor, sich und sein Kind bloßzustellen. Geschieht die Eröffnung aber in einem respektvollen Rahmen, gehen Eltern und Kind gestärkt aus einer solchen Situation heraus. Immer mehr setzt sich in therapeutischen Kreisen die Einsicht durch, dass das Erleben von Scham in einem unterstützenden Kontext sogar äußerst hilfreich für die Entwicklung des Kindes sein kann. Die Kinder und Jugendlichen lernen so, zu ihrem Verhalten zu stehen, Konsequenzen zu tragen und Herausforderungen selbst zu bewältigen. Das wiederum fördert Selbstverantwortung und Selbstkontrolle.

Nicht hilfreich ist es, das Einbeziehen anderer als Strafe zu kommunizieren, beispielsweise in der Form: »Ich sage es dem Onkel, dem Opa oder der Oma!« Um Onkel, Opa und Oma ins Spiel zu bringen, ist ein anderes Vorgehen nötig, wie wir im fünften Kapitel darstellen werden.

Elterliche Zusammenarbeit

Elterliche Aufsicht in Form wachsamer Sorge wird durch eine gelingende elterliche Zusammenarbeit begünstigt. Was heißt das nun? Es ist ein weitverbreiteter Irrtum, dass Eltern immer einer Meinung sein müssen, um erzieherisch wirksam zu sein. Es genügt, wenn beide das Ziel verfolgen, ihre Kinder so gut wie möglich vor Gefahren schützen zu wollen, auch wenn sie sich nicht immer über die Art und Weise, wie das gelingen kann, einig sind. Die Hoffnung, den anderen von seiner eigenen Meinung zu überzeugen, stellt oft eines der gravierendsten und zeitraubendsten Hindernisse in der gemeinsamen Erziehungsarbeit dar. Gerade bei getrennt lebenden Eltern oder in konfliktgeladenen Partnerschaften gestaltet sich eine Zusammenarbeit oft schwierig. Zuerst ist daher zu überlegen, welche Art der Kooperation möglich ist. Eltern sollten, wenn nötig mit Hilfe von Beratungsstellen, einen Plan entwerfen, wie sie verschiedene Formen und Maßnahmen der wachsamen Sorge gemeinsam umsetzen können. Erwiesen ist: Wenn sich beide Eltern auf ein Vorgehen einigen können, und sei der gemeinsame Nenner auch noch so klein, ist ihr Einfluss viel größer.

Die Eltern von Simon sind unterschiedlicher Meinung, wie man das viele PC-Spielen des Sohnes abstellen könnte. Die Mutter setzt auf Dialog, der Vater auf Durchgreifen. Trotz der Uneinigkeiten können sie sich immerhin auf den Plan verständigen, ihrem Sohn mitzuteilen, dass der Computer von nun an ab 23 Uhr ausgeschaltet wird. Sie gehen daraufhin in das Zimmer des Sohnes und bitten ihn, den Computer für einige Minuten auszuschalten. Ganz überrascht von ihrem gemeinsamen Auftreten legt er eine Pause ein. Sie teilen ihm ihre Entscheidung mit und versichern zugleich, dass sie alles tun werden, damit die neue Regel eingehalten wird. Simon ist besonders davon beeindruckt, dass die Eltern, die sich bislang nicht einigen konnten, in diesem Punkt gemeinsam handeln.

Ist eine solche aktive Zusammenarbeit nicht möglich, sollten Sie zumindest eine teilweise Kooperation anstreben und sich gegenseitig über Ihre Aktivitäten bezüglich des Kindes informieren.

Sonja und Otto, getrennt lebend, führen einen heftigen Disput über die Art und Weise, wie mit den schulischen Pflichten ihres Sohnes umzugehen sei. Sonja wirft Otto vor, dass er nicht dafür sorge, dass der Sohn am Wochenende seine Hausaufgaben mache. Die Lösung des Problems, auf die sich beide einigen können, besteht nun darin, sich gegenseitig darüber zu informieren, was sie jeweils in dieser Angelegenheit unternehmen. Dies führt schließlich dazu, dass Otto Sonja sogar dabei unterstützt, das beginnende Herumtreiben des Sohnes einzustellen.

Einbeziehung anderer Personen

Elterliche Aufsicht und wachsame Sorge sind dann viel besser praktizierbar, wenn auch andere Personen mit einbezogen werden. Wissenschaftliche Studien zeigen, dass sich in Familien, in denen Großeltern unterstützend an der Erziehung des Kindes mitwirken können, problematische Verhaltensweisen deutlich verringern. Die beste Möglichkeit, den Kontakt auch zu weiter entfernt lebenden Großeltern zu stärken, ist, diese regelmäßig über das Familienleben zu informieren.

Die Einbeziehung der Großeltern ist ein natürlicher Schritt und ein wirksamer dazu. Genau wie Eltern sind Großeltern nicht bereit, ihr Enkelkind aufzugeben, und helfen in den meisten Fällen gern, wenn es brenzlig wird. Wenn das Kind von den Großeltern die Botschaft erhält: »Natürlich hat mir deine Mutter das erzählt! Du bist ihr und auch mir ganz wichtig und wir werden dich nie aufgeben! Deswegen muss ich doch wissen, wenn dir Gefahr droht!«, dann ist das Kind vielleicht zunächst ein bisschen ärgerlich. Aber es wird sich auch ein zweites Gefühl in seinem Herzen einstellen: »Ja, sie kümmern sich wirklich um mich!«

> Henri attackiert immer wieder seine Eltern. Dies tut er nicht, wenn die Großmutter väterlicherseits im Haus ist. Die Situation verbessert sich rasant, als die Großmutter regelmäßig anruft und manchmal auch tagelang zu Besuch kommt.

Genauso sinnvoll ist es, andere Personen wie Onkel oder Tanten in das Netzwerk einzubeziehen. Mehr dazu erfahren Sie im fünften Kapitel.

Klare Botschaften

Im Rahmen der wachsamen Sorge ist es manchmal notwendig, sich als Eltern entschieden, klar und deutlich zu Wort zu melden. Eltern meinen manchmal, ihre Botschaften seien wertlos, wenn nicht miteinander geredet wird. Dem ist nicht so: Wachsame Sorge wird auch dann ausgeübt, wenn das Kind nicht bereit ist, in einen Dialog zu treten. Einseitige Botschaften sind gerade in Familienkrisenzeiten in fast jedem Fall angebracht und sehr wichtig. Damit sie wirken und als positiv erlebt werden, gilt folgende Regel: Äußern Sie sich in einem ruhigen und sachlichen Ton. Achten Sie zugleich darauf, dass Sie mit Ihrer Mitteilung nicht auf die Beziehungsebene zielen.

Wenn Sie Ihre Botschaften gelassen und neutral formulieren, sind sie um ein Vielfaches wirksamer, vor allem, weil sie von anderen Personen des unterstützenden Netzwerks mitgetragen und bekräftigt werden können.

Was zeichnet nun eine sachliche Mitteilung aus? Die sachliche Mitteilung sollte keine Belehrung, Predigt oder Drohung sein. Sie bringt genau auf den Punkt, welches Verhalten erwünscht bzw. unerwünscht ist, verbindet damit aber keinen Druck dahingehend, dass sich das Verhalten sofort ändern muss. Predigten und Drohungen entspringen oft der Verzweiflung und der Unsicherheit der Erwachsenen und implizieren immer sofortige Veränderungen, die sich fast nie einstellen.

Fehlverhalten lassen sich am besten so ansprechen: »Ben, wir teilen dir hiermit mit, dass wir es zukünftig nicht mehr tolerieren werden, dass du hier in der Wohnung Marihuana konsumierst.« Auf die Reaktion des Sohnes, dass man mit ihm ja so nicht reden könne, können die Eltern gelassen reagieren und ihm vermitteln, dass sie ihn als Sohn lieben und schätzen, diese Entscheidung jedoch ihre elterliche Pflicht ist.

Mögliche Probleme vorbeugend besprechen

Eine gute Möglichkeit, elterliche Aufsicht in Form wachsamer Sorge auszuüben, ist, mögliche Probleme vorherzusehen und vorbeugend zu besprechen. Viele Eltern wenden dieses Mittel intuitiv an.

Folgende Schritte sollten Sie bei der Vorabbesprechung möglicher Probleme beachten:

- Diskutieren Sie zukünftige Herausforderungen offen, zum Beispiel die erste Auslandsreise oder das erste Fortbleiben von zu Hause.
- Gehen Sie grundsätzlich von einem positiven Verlauf aus und bereden Sie dies auch so mit Ihrem Kind, anstatt ausschließlich die Gefahren zu betonen.
- Besprechen Sie mögliche Risiken ganz ruhig und fragen Sie, wie Ihr Kind in kritischen Situationen reagieren würde.

- Am Ende sollten Sie gemeinsam überlegen, wie Sie bei drohenden Problemen in Kontakt bleiben, etwa durch regelmäßige SMS.

Abschließend sei noch einmal festgehalten: Sie sind berechtigt und verpflichtet, am Leben Ihres Kindes teilzuhaben. Wir gehen davon aus, dass Sie dies mit dem nötigen Taktgefühl und Respekt tun.

Zusammenfassung

Wachsame Sorge ist ein Modell, das beschreibt, wie sich Eltern verantwortungsbewusst und in Erfüllung ihrer elterlichen Pflichten am Leben ihrer Kinder beteiligen können. Es ist ein Modell, das verschiedene Grade elterlichen Eingreifens und Handelns beinhaltet. Dieses Handeln will und kann nicht kontrollieren und ist zugleich aber nur vom Wollen und der Initiative der Eltern abhängig. So stärkt es die Eltern und unterstützt Kinder und Jugendliche dabei, Eigenverantwortung zu entwickeln. Wachsame Sorge kennt drei Grade: die offene Aufmerksamkeit, die fokussierte Aufmerksamkeit und einseitige (Schutz-)Maßnahmen. Fallen wachsamer Sorge können sich auftun, wenn man befürchtet, zum Überwacher seines Kindes zu werden, seine Privatsphäre zu verletzen oder sein Vertrauen zu verlieren. Eltern sollten außerdem darauf achten, nicht zu überbesorgt zu sein. Sie sollten ihrem Kind auch nicht ohne sein Wissen hinterherspionieren.

Tipps für die Ausübung wachsamer Sorge:

- Suchen Sie immer Kontakt zu Ihren Kindern. Intensivieren Sie diesen gerade in Zeiten problematischer Entwicklungen.
- Vernetzen Sie sich mit anderen Personen, bitten Sie sie um Hilfe und Unterstützung.
- Bleiben Sie im Gespräch mit anderen und besonders miteinander. Wenn Sie als Eltern keine gemeinsame Lösung finden, dann informieren Sie sich zumindest gegenseitig. Lassen Sie das Kind wissen, dass Sie einander informiert haben.
- Wenn Sie Hilfe suchen, tun Sie dies immer offen und informieren Ihr Kind über Ihre Schritte. Machen Sie das problematische Verhalten öffentlich und nutzen Sie die Chance, dass eine Schamerfahrung im Kontext der elterlichen Liebe durchaus auch einen Lernprozess anstoßen kann.
- Geben Sie immer der Form des offenen Dialogs den Vorzug oder vermitteln Sie einseitige, wertschätzende Botschaften, wenn das Kind nicht zum Dialog bereit ist.
- Bleiben Sie ruhig und stellen Sie Fragen, anstatt sich zu verteidigen oder Ihr Kind zu attackieren.
- Elterliche Aufsicht funktioniert dann am besten, wenn Sie ganz klar die Haltung vertreten, dass Sie als Eltern dazu berechtigt und verpflichtet sind, da Sie Ihr Kind nicht aufgeben können.

Deeskalation oder die Kunst der Selbststeuerung

Als Martins Eltern gegen 20 Uhr vom Abendessen zurückkommen, ist noch alles ganz ruhig. Martin, 15 Jahre, ist in seinem Zimmer beschäftigt. Kaum bemerkt er, dass seine Eltern wieder da sind, herrscht er seinen Vater an: »Mach mir das Internet an, sorge sofort dafür, dass ich ins Netz komme!« Seine Mutter reagiert mit erhobener Stimme: »Nein, du bekommst keinen Internetzugang! Du hast es herausgefordert, das ist nun die Konsequenz.« »Ich will sofort ins Internet«, schreit Martin seine Mutter an. Darauf Martins Vater: »Brülle deine Mutter nicht so an, du Lausebengel, dass du keinen Internetzugang hast, hast du dir selbst zuzuschreiben.« Martin protestiert laut und verpasst seiner Tür wütend einen Tritt, die nun eine weitere Schramme hat.

Eine Woche darauf hat Martin noch immer kein Internet. Als seine Eltern von einem Spaziergang zurückkommen, schießt Martin wieder wie ein Blitz aus seinem Zimmer und fordert sich einen Internetzugang ein. Doch dieses Mal reagieren die Eltern anders. Sie bleiben ganz gelassen, begrüßen Martin freundlich und schweigen dann. Ruhig gehen sie in die Küche, bereiten das Abendbrot vor, setzen sich an den Küchentisch und bitten Martin dazu. Martin kommt wie durch ein Wunder zum Abendessen und es ergibt sich ein durchaus angenehmes Gespräch, in dem Martin erstmals seit Tagen erzählt, was er so vor hat, getan hat und wie schwierig es ist, eine Lehrstelle zu finden. Martin hat nämlich die Schule abgebrochen und ist schon seit Wochen zu Hause. Auf einmal ist wieder ein bisschen mehr an Beziehung da.

Tanja, eine Ärztin, kommt am Nachmittag nach Hause und findet ihre 17-jährige Tochter Anna wieder vor dem Fernseher. Barsch fährt sie Anna an: »Hast du wieder keine Hausaufgaben gemacht?! Du weißt genau, wie schwierig es für dich in der Schule werden wird, wenn du nicht lernst.« Anna schießt sofort zurück: »Ob ich lerne oder nicht, geht dich gar nichts an, und jetzt mache ich sowieso keine Hausaufgaben.« Tanjas Blutdruck steigt und ihr Puls rast, bis es ihr wieder einfällt: jetzt am besten gar nichts sagen und sich ruhig hinsetzen. »Erzähl mal, was los ist«, sagt sie dann nach einigen Minuten zu ihrer Tochter. Es stellt sich heraus, dass es mit dem Fach Französisch gerade ganz schwierig ist und Anna eigentlich dringend Hilfe braucht, die sie dann auch dankend von ihrer Mutter annimmt.

Jakob schlägt seine Schwester Lia. Energisch fährt die Mutter dazwischen und sperrt Jakob, den Fünfjährigen, umgehend in seinem Zimmer ein. Jakob tobt und schreit. Man hört, wie er Spielsachen auf den Boden schleudert und eine Vase zu Bruch geht. Da rastet auch Jakobs Mutter aus und versetzt ihm einen Klaps auf den Hintern. Jakob heult und die Mutter denkt sich: »Lange halte ich das nicht mehr aus, warum muss ich mir das mit Jakob jeden Tag antun?«

In herausfordernden Erziehungssituationen ist es einfach schwierig, gelassen zu bleiben. Ein Wort gibt das andere und unsere Kinder wissen ganz genau, wo sie uns erwischen können, wo unsere wunden Punkte sind und was das Fass zum Überlaufen bringt. Wir verlieren die Beherrschung, schreien, drohen und nicht selten kommt es auch zu Handgreiflichkeiten. Oft tut es uns nachher schrecklich leid, das nächste Mal versuchen wir (vermeintliche) Provokationen zu ignorieren, lassen einfach alles durchgehen und knallen nicht mehr mit der Peitsche. Passiert das öfter, droht eines verloren zu gehen: der Draht zu unserem Kind.

Aus Eskalationsspiralen aussteigen

Eskalationen gefährden die Eltern-Kind-Beziehung und zerstören langsam, aber sicher das Fundament, die Basis eines funktionierenden Familienmiteinanders. Begegnung ist nicht mehr so einfach möglich, es dominieren Kränkung, Abwertung und leider viel zu schnell auch Hassgefühle. Das passiert uns, obwohl wir wissen, dass eine positive Beziehung zu unserem Kind die Grundlage jeder gelingenden Entwicklung ist. Ohne Zugewandtheit kann keine vertrauensvolle Nähe entstehen. Eskalationsprozesse reißen Eltern aus ihrer Selbstverankerung und lassen Probleme, die an sich beherrschbar wären, zu einer unaufhaltsamen Flut anschwellen.

Was können wir nun dagegen tun? Unser erstes Beispiel weist den Weg. Wenn es uns gelingt, uns zu beherrschen, uns nicht hinreißen zu lassen, zu warten und zunächst zu schweigen, dann eskalieren Situationen meist gar nicht. Dies umso weniger, je mehr es uns gelingt, zumindest innerlich eine klare Haltung einzunehmen und trotz allem liebevolle Gefühle für das Kind zu hegen. Deeskalation und Selbststeuerung sind neben Präsenz und wachsamer Sorge die zweite wesentliche Säule elterlicher Selbstverankerung. Wer sich selbst beherrscht und kontrolliert, behält in schwierigen Situationen den Überblick und kann dem Kind als Anker dienen. Die Eltern bleiben so auf der sicheren Seite und sind um ein Vielfaches stärker und handlungsfähiger.

Es ist also essenziell, sich gerade dann, wenn Probleme sich aufzuschaukeln und zu eskalieren drohen, im Zaum zu halten und Ruhe zu bewahren. Das öffnet gerade in kritischen Momenten das Tor der Begegnung, ohne die eine konstruktive Auseinandersetzung nicht möglich ist. Wenn Eltern es lernen, sich aus Eskalationsspiralen zu befreien, gewinnen sie doppelt. Erstens schafft jede gelungene Deeskalation Raum für mehr Beziehung. Zweitens ist im Gegenzug weniger Platz für energieraubende Streitereien und Reibereien.

Wir wissen also, dass Ruhigbleiben in kritischen Situationen sehr viel stärkender ist und uns Eltern souveräner und zum besseren Anker macht. Aber wie gelingt uns das im Familienalltag?

Stressverarbeitung: Etwas Neurobiologie

Werfen wir einen Blick darauf, was sich im Gehirn abspielt, wenn Konflikte eskalieren bzw. abebben. Nehmen wir das Beispiel von Martin. Spätestens ab dem Zeitpunkt, ab dem Martin seine Eltern anschreit, reagiert in deren Gehirn ein kleines mandelförmiges Kerngebiet, Mandelkern oder Amygdala genannt. Die Amygdala reagiert auf alle neuartigen, unerwarteten Reize von außen mit dem Gefahrensignal Angst. Ganz automatisch und ohne Zutun unseres Bewusstseins wird analysiert, ob Gefahr droht und ob es sinnvoll wäre zu attackieren, zu flüchten oder aber zu erstarren.

Jedenfalls leitet die Amygdala durch ihre Verbindungen zur Hirnanhangsdrüse und zum Nebennierenmark eine innere Stressreaktion ein. Adrenalin und Cortisol werden bereitgestellt, die den Köper mit Energie versorgen, damit dieser reagieren kann. Bei unvermittelten Bedrohungen läuft diese Reaktion automatisch ab. Es kommt entweder zum Angriff oder zur Flucht. Üblicherweise werden aber die Erregungspotenziale der Amygdala sprichwörtlich vom emotionalen Grund des Gehirns in höhere Gehirnregionen geschickt, um dort analysiert, gehemmt bzw. angepasst zu werden, damit eine adäquate Reaktion stattfinden kann.

Dies gelingt manchmal besser und manchmal schlechter, je nachdem, wie viel Selbstkontrolle Eltern gelernt haben. Ganz oft ist es den Eltern nicht mehr möglich, aufsteigende Impulse zu hemmen, und Ärger- sowie Zornreaktionen schlagen ungehindert durch. Wichtig ist auch zu wissen: Ist der Bedrohungsreiz durch körperlichen oder seelischen Schmerz (Ausschlussandrohung) oder auf Grund einer Katastropheneinschätzung des Großhirns (»Nicht schon wieder, um Gottes Willen«) zu groß, wird der Einfluss des Großhirns tendenziell blockiert. Alles spielt sich nunmehr auf einer emotional eskalierenden Ebene ab. Dies ist das Muster der Impulskontrollstörung, die grundsätzlich bei jedem unerwarteten Reiz und jeder schwierigen Erziehungssituation auftreten kann.

Wie kommen wir nun dazu, dass wir ruhig und souverän auf erzieherische Herausforderungen antworten? Was muss im Gehirn passieren, damit wir die Energie und die Aktivierung durch die Stressreaktion sinnvoll nutzen und eine Balance zwischen der von Stresshormonen angestoßenen Dopaminproduktion und den regulierenden Großhirneinflüssen herstellen können? Um gut mit anderen, in diesem Fall unseren Kindern, interagieren zu können,

- setzen wir auf das Bindungshormon Oxytocin. Wenn wir anderen liebevoll begegnen, wird dieses ausgeschüttet und es beruhigt ungemein.
- setzen wir auf die zusätzliche Beruhigungskraft unseres parasympathischen Systems. Dies wird zusätzlich aktiviert, wenn es uns gelingt, uns in Momenten der Aufregung zurückzunehmen, also die unmittelbare Reaktion zu verzögern. Dies kann etwa durch das symbolhafte Innehalten oder einfach durch ein mehrmaliges langsames Ein- und Ausatmen geschehen. Dann passiert neurobiologisch Folgendes: Die aktivierende, über Dopamin vermittelte Kraft der Stressreaktion kann optimal mit kognitiven steuernden Prozessen des Großhirns verbunden werden. Das nennen wir dann Selbststeuerung und diese Selbststeuerung kann jeder lernen.

Die Fähigkeit zur Selbstkontrolle erwerben wir nach neurobiologischen Befunden von frühester Kindheit an. Entscheidend sind in diesem Zusammenhang unsere sozialen Erfahrungen. Ohne den anderen, ohne Bindung, Begegnung und Beziehung zum anderen gibt es keine Selbstkontrolle. Die Kunst der Deeskalation ist daher neurobiologisch gesehen nichts anderes, als auch in schwierigen Situationen aufkeimenden Stress adäquat einzusetzen, ihn zu nutzen, um in Beziehung zu bleiben und Beruhigungsmechanismen zu aktivieren. Dies alles ist erlernbar. Die Kunst der Deeskalation und der Selbststeuerung ist daher kein neurobiologischer Glücksfall, keine Gabe, die dem einen in die Wiege gelegt worden ist und dem anderen nicht. Sie ist vielmehr vor allem das Ergebnis ruhiger, konsequenter, zugewandter und ausdauernder Beziehungsarbeit.

Wege zur Deeskalation und Selbstbeherrschung

Wie schon eingangs festgestellt, wollen wir in herausfordernden Erziehungssituationen alles auf einmal machen: viel reden und schnell handeln – und das, obwohl wir in heller Aufregung und deswegen meist blockiert sind. Sieben Entspannungsmaßnahmen können dabei helfen, drohenden Eskalationen zu entgehen und sogar beziehungsstärkend zu agieren. Gehen wir diese Möglichkeiten der Deeskalation und der Selbststeuerung Schritt für Schritt einmal durch.

Verzögern Sie die Reaktion oder:
Schmieden Sie das Eisen, wenn es kalt ist

Elvira ist ganz aufgekratzt und wirft ihre Spielsachen herum. Alle sind schon ziemlich genervt, vor allem der Vater. Was aber tut nun die Mutter? Sie geht vor Elvira in Position, schweigt und blickt sie nur an. Anstatt loszuschimpfen, verzögert die Mutter ihre Reaktion.

Liam tobt und schreit auch, weil sein Bruder Raffael nicht das tut, was er will. Die Eltern unterbrechen einfach ganz ruhig und sprechen erst Stunden später mit Liam über die Situation.

»Schmiede das Eisen, wenn es kalt ist«, lautet der Grundsatz der verzögerten Reaktion. In der Hitze des Gefechts neigen wir nämlich dazu, zu provozieren, zu beleidigen und zu eskalieren. Auch Diskussionen sind in solchen Momenten meist nicht förderlich. Zu leicht werden wir laut, vergreifen uns im Tonfall, verlegen uns aufs Drohen oder Rechtfertigen. Im Nachhinein tut uns das manchmal sehr leid. Auch wenn wir nicht gleich lospoltern, können wir dem Kind ganz deutlich zu verstehen geben, dass dieses Verhalten nicht in Ordnung war, besonders dann, wenn wir klarmachen, dass wir nicht einfach kleingeben. Toben und Belehren lenken nur davon ab, hier und jetzt beharrlich unseren Standpunkt zu vertreten. Ein Innehalten ermöglicht es dem Kind, sich zu beruhigen und über die

Situation nachzudenken. Unterstrichen wird diese Haltung durch die folgenden Worte: »Dieses Verhalten akzeptieren wir nicht, wir werden darauf zurückkommen. Inzwischen nehmen wir gern deine Vorschläge entgegen.« Dies spricht den Verstand des Kindes an, anstatt sein emotionales System noch weiter in Aufruhr zu versetzen. Auch uns selbst hilft diese Vorgehensweise, uns zu beruhigen, da wir nicht nur dem Kind, sondern auch uns klar machen, dass Probleme nicht einfach unter den Teppich gekehrt werden. Diese Sicherheit verhilft uns zu Selbstkontrolle.

> Jonas hat am Vormittag in der Biologiestunde so gestört, dass der Unterricht abgebrochen wurde. Dank des guten Drahts zur Schule sind die Eltern schon informiert. Als Jonas nach Hause kommt, fährt die Mutter nicht sofort wild auf ihn los: »Was hast du nur wieder in der Schule angerichtet? So kann das nicht weitergehen!« Sie kann, da sie ihre Reaktion bereits verzögert hat und Jonas nicht gleich in der Schule empört angerufen hat, fragen: »Erzähl mir bitte von der Schule. Es hat ja irgendeinen Vorfall gegeben, was war denn da los?« Nun kann es durchaus sein, dass Jonas keine Antwort gibt. In dem Fall kann die Mutter in aller Ruhe sagen: »Wir werden diesen Vorfall heute am Abend besprechen.« Dies sollte auch dann geschehen, wenn das Kind angibt, sich nicht an die Geschehnisse zu erinnern.

Durch diese Art der verzögerten Reaktion, des Aufschubs kann das Kind eigentlich gar nicht anders, als selbst Überlegungen anzustellen. Durch das Einbeziehen des Kindes können ganz neue Möglichkeiten entstehen und Lösungen gefunden werden. Darüber hinaus beweist die Tatsache, dass die Eltern wirklich auf das Thema zurückkommen, dass sie an der Sache dranbleiben. Wenn Ihr Kind sich beklagt: »Was wärmt ihr eigentlich immer wieder diese Geschichte auf? Ich habe sowieso schon alles vergessen!«, können Sie ruhig antworten: »Wir haben aber nichts vergessen, weil wir an dir und deinem Leben interessiert sind!« So eine Antwort kann zwar das Kind ein bisschen beunruhigen, es aber auch tief im Herzen glücklich machen: »Ich bin meinen Eltern wichtig!« Dies ist die Logik der Regel, dass wir das Eisen am besten dann schmieden, wenn es kalt ist.

Kommunizieren Sie wertschätzend und konstruktiv

Sarah hat einer Schulkameradin das Hausaufgabenheft zerrissen und ist der Lehrerin frech gekommen. Als Sarahs Vater das erfährt, bleibt er ganz ruhig. Als Sarah nach Hause kommt, begrüßt er sie freundlich und lässt sie zu Hause ankommen, anstatt sie gleich mit dem Vorfall zu überfallen. Dem Vater gelingt es, mit Sarah ins Gespräch zu kommen. Sie reden locker über die tolle Turnstunde, bei der Sarah beim Völkerballspiel fulminant mitgespielt hat, und die gute Deutschnote. Dieser Einsatz lohnt sich! Da ist plötzlich eine Verbindung da, eine Resonanz zwischen Sarah und ihrem Vater. Nun, da die Stimmung gut ist, fällt Sarahs Vater folgende Frage nicht schwer: »Erzähl mal, was war denn heute in der Mathestunde los?« Sarahs Vater sagt nicht: »Warum hast du heute in der Mathe-stunde deiner Freundin das Heft weggenommen und die Lehrerin angeschrien?« Er fragt nach dem Sachverhalt und lässt ihn sich genau schildern. So kann Sarah mit eigenen Worten beschreiben, was passiert ist. Das nächste Mal stehen die Chancen gut, dass Sarah nicht gleich ausflippt, wenn ihr in der Schule etwas gegen den Strich geht. Und dies ganz ohne Schelte des Vaters.

Wertschätzende Kommunikation dient dazu, Kinder oder Jugend-liche in schwierigen Situationen durch wohlwollende Äußerungen zu überraschen und ihre Aufmerksamkeit auf andere Dinge als die Konfrontation zu lenken. »Verbinden und Umleiten« heißt die Kom-munikationstechnik, die der amerikanische Kinder- und Neuro-psychiater Daniel Siegel entwickelt hat. Man sagt zum Beispiel zu Otto, der in eine Rauferei verwickelt ist, was für ein tolles Hemd er anhat, wo das wohl her ist und wie großartig es zu seinem rest-lichen Outfit passt. Otto ist ganz hingerissen und lässt sich ablen-ken. Die Sache ist damit natürlich nicht vergessen, sondern kann bei geeigneter Gelegenheit adäquat besprochen werden. Wertschätzende

Kommunikation konfrontiert nicht, sondern eröffnet den Beteiligten Möglichkeiten, ihre Sicht der Dinge darzustellen. Wertschätzende Kommunikation konzentriert sich auf die Sache und gibt dem Großhirn des Kindes die Chance, regulierend einzugreifen. »Stimmt die Beziehung, kann man einander alles sagen«, weiß der Volksmund und er hat Recht.

Wie können Sie nun wertschätzend kommunizieren? Folgende Vorschläge haben wir, die besonders hilfreich sind, wenn das Eisen schon abgekühlt ist:

– Nähern Sie sich Ihrem Kind immer behutsam, wenn Sie auf das problematische Verhalten zurückkommen wollen.
– Beginnen Sie das Gespräch immer mit einer positiven Bemerkung über das Kind, sein Aussehen oder Tun.
– Verteilen Sie Komplimente und sparen Sie nicht an Gesten der Aufmerksamkeit.
– Zeigen Sie sich neugierig, konstruktiv und interessiert. Verteidigen Sie sich nicht, wenn Sie sich angegriffen fühlen.
– Übrigens: Sie spüren, wenn Sie wertschätzend sind.

Betonen Sie das Wir, nicht das Ich und Du

Flora, 14 Jahre, will nicht mehr in die Schule gehen und sperrt sich in ihrem Zimmer ein. Auch zum Frühstück kommt sie nur selten. Sie verdunkelt den Raum und will von nichts wissen. Die Mutter versucht es mit Ich-Botschaften »Ich will dir sagen, dass ...« – und da rutscht ihr schon das Du heraus »... du das nicht machen kannst.« Solche Du-Botschaften werden schnell als Schuldzuweisung verstanden und können wie Peitschenhiebe wirken. Flora vergräbt sich nur noch mehr, besonders nach der Äußerung: »Das kannst du deinem Vater nicht antun, dich so zu verweigern.« Die Eltern von Flora setzen sich zusammen und beraten sich auch mit Onkel und Großmutter. Gemeinsam gehen die Eltern dann in einem günstigen Moment auf Flora zu und sprechen sie an: »Wir haben uns Gedanken gemacht, wir sorgen uns um dich, deshalb wollen wir gemeinsam eine gute Lösung für das Schulproblem finden.«

Das Wir in diesen Botschaften kann variabel sein: Einmal bedeutet es »dein Vater und ich«, ein anderes Mal »die Lehrerin und ich«, oder »Opa, Oma und ich« oder »einige andere Eltern deiner Schulkameraden und ich«. Wir-Botschaften tragen ganz offensichtlich einen bestimmten Zauber in sich. Sie wirken deeskalierend: Probieren Sie es aus. Es gibt drei Gründe, warum Wir-Botschaften Situationen entspannen und Eltern stärken:

- Wir-Botschaften wirken weit weniger abwertend und vernichtend. Sie sind eine klare Ansage der Eltern an das Kind.
- Wir-Botschaften lassen Eltern nicht allein dastehen. Sie stehen für ein gemeinsames Auftreten. Das stärkt und legitimiert Maßnahmen. Wenn dann noch die Beziehung stimmt, schafft dies eine gute Basis für eine konstruktive Auseinandersetzung.
- Wir-Botschaften enthalten eine implizite Einladung an das Kind, sich als Teil von diesem Wir zu betrachten.

Geben Sie Fehler zu und korrigieren Sie sie

Der 13-jährige Julian provoziert wieder einmal seine Mutter. Der Vater kommt nach Hause und nimmt ihm im Affekt den Computer, das Handy – Julian tendiert zur Spielsucht – und was sonst noch von Julian herumliegt, weg. Er beschimpft Julian und weist ihn heftig zurecht. Julian ist wütend und traurig und weiß ganz genau, was er jetzt tun will: wegrennen! Und so ist er auch schon zur Tür hinaus, eilt zum nächsten Bahnhof und fährt 50 Kilometer in den Süden zu seinem Onkel, der auf die Eltern nicht sonderlich gut zu sprechen ist. Die Situation ist sehr angespannt, erst recht, als die Verwandten anrufen, was die Eltern Julian denn angetan hätten. Zum Glück kommt der Firmpate mit Julian ins Gespräch und bietet seine Vermittlungsdienste an. Die Eltern ringen sich durch, Julian zu bitten, zurückzukommen, und sagen: »Es tut uns leid, wie wir uns verhalten haben, das war ein Fehler, besonders dass wir so abwertend über dich gesprochen haben.« Julian kommt erleichtert und gern nach Hause.

Viele Eltern haben Angst davor, Fehler zuzugeben, weil sie denken, dass sie das in den Augen ihrer Kinder schwächt. Wir vertreten hier eine andere Position: Fehler zuzugeben setzt nicht herab, sondern zeugt von der Bereitschaft, über das eigene Verhalten nachzudenken und bereit zu sein, Schaden zu begrenzen und wiedergutzumachen. Gerade eine Wiedergutmachung kann Wunder wirken. Starke Eltern, die bereit sind, Fehler einzugestehen, ernten von ihrem Kind in Zukunft noch mehr Respekt!

Fehler einzuräumen heißt nicht, das elterliche Gesicht zu verlieren, sondern ist ein ganz klarer Beziehungsimpuls und ermöglicht Begegnung und neue konstruktive Gespräche. Das heißt natürlich nicht, dass Sie Ihre ursprüngliche Position, nämlich Ihr Nein zu einem bestimmten Verhalten des Kindes, aufgeben. Sie korrigieren sich einfach, wenn Sie mit Ihrer Reaktion möglicherweise über das Ziel hinausgeschossen sind. Probieren Sie es aus und schaffen Sie berührende Begegnungs- und Kommunikationsmöglichkeiten. Kinder schätzen dies sehr und Sie brauchen Ihre grundsätzliche Haltung nicht aufzugeben.

Beharren Sie, anstatt zu besiegen

Anita, 15 Jahre, hat ihre Oma maßlos beleidigt. Ihr Vater wird fuchsteufelswild und fährt sie an: »Du entschuldigst dich sofort bei Oma und hilfst ihr eine Woche im Haushalt.« Anita antwortet frech: »Einen Teufel werde ich tun!« Daraufhin setzt es vom Vater eine Ohrfeige und eine ausführliche Standpauke. Wütend und aufgelöst verlässt Anita das Zimmer. Wochenlang bleibt das Verhältnis zwischen Anita und ihrem Vater sehr unterkühlt. Der Vater fühlt sich verpflichtet, Anita zum Nachgeben zu bewegen.

Die Idee, dass sich das Kind, besonders nach einem Fehlverhalten, dem Willen der Eltern beugen muss, bringt meist nicht weiter und wirkt ebenfalls eskalierend. Gerade für Jugendliche sind elterliche Versuche, eine Unterordnung zu erzwingen, oft eine vernichtende Erfahrung. Sie fühlen sich in ihrem Selbstwert und ihrer Integrität bedroht und werden die nächste Gelegenheit nutzen, sich zu rächen – auf die eine oder andere Weise. Weitere Krisen sind vorprogrammiert, fühlen sich doch Eltern und Kind in die Ecke gedrängt. Eine der wichtigsten Deeskalationsmechanismen ist die Verinnerlichung des Satzes: »Wir müssen unsere Kind nicht besiegen, wir müssen nur auf unserem Standpunkt beharren.«

Gerade bei rebellischen Kindern haben wir keine Chance, ihnen unseren Willen aufzuzwingen. Sie werden vielleicht zunächst darauf eingehen, aber dann schlägt das Imperium zurück und der Machtkampf beginnt erst so richtig. Beharren heißt Geduld zu haben, die Beziehung zu pflegen, immer wieder auf problematische Punkte zurückzukommen und klar Position zu beziehen, ohne auf eine Kapitulation des Kindes abzuzielen. Schaffen Sie Möglichkeiten der Begegnung und verhindern Sie Möglichkeiten der Auseinandersetzung.

Finden Sie die Auslöser, die Sie und Ihr Kind auf die Palme bringen

> Florian, 18 Jahre, kassiert einen Strafzettel nach dem anderen, die die Polizei gleich direkt nach Hause bringt. Dem Vater reicht es, er stellt seinen Sohn zur Rede. Dieser sagt nur: »Was willst du denn jetzt schon wieder, Dicker?« Der Vater, stattliche 120 Kilo schwer, wird rasend.

Unsere Kinder kennen eines ganz genau: unsere wunden Punkte, an denen sie uns treffen und wahnsinnig machen können. Es ist ihr Weg, sich in schwierigen Situationen gegen ihre Eltern zu behaupten. Angreifbar werden wir, wenn es um unsere Disziplinlosigkeiten, unsere mangelnde Vorbildfunktion im Alltag geht: Das können die Flasche Wein am Abend, die langen Arbeitszeiten, die ständigen Tiefkühlpizzen sein. Abgesehen davon bieten sich natürlich auch Bemerkungen über persönliche Eigenarten oder einfach Äußerlichkeiten an, um andere auf die Palme zu bringen. Jeder von uns, Eltern und Kinder, hat solche wunden Punkte, die sich dazu eignen, Streits eskalieren zu lassen.

Es gibt eine einfache Übung, diese wunden Punkte zu identifizieren: Fragen Sie Ihre Partnerin, Ihren Partner, ob sie bzw. er Ihnen ein paar Verhaltensweisen und Stichwörter nennen kann, bei denen das Kind sicher ausflippt. Ihr/ihm werden garantiert ein paar Beispiele einfallen. Fragen Sie dann Ihr Kind, in welchen Situationen es sofort auf hundertachtzig ist. Wenn ihm in diesem Moment nichts einfällt, bieten Sie Ihrem Kind an, Ihnen in der nächsten kritischen Situation die Gründe für seinen Ärger sofort zu nennen. Sie können Ihren Partner auch bitten, Ihnen Dinge zu nennen, mit der er/sie Sie sicher verrückt machen kann. So finden Sie höchstwahrscheinlich Auslöser (Trigger), die eine Eskalation verursachen können. Manchmal finden Sie auch nichts, aber die Tatsache, prinzipiell gemeinsam darüber gesprochen zu haben, deeskaliert deutlich.

Setzen Sie Beziehungsgesten ein

Was sind Beziehungsgesten und welche Rolle spielen sie für die Deeskalation? Beziehungsgesten sind vereinfacht gesagt kleine Nettigkeiten, die Eltern ihren Kindern unabhängig von der jeweiligen Situation angedeihen lassen: beispielsweise ein Kompliment, ein Wort der Zuwendung, ein Lieblingsessen. Wie Beziehungsgesten systematisch eingesetzt und angewandt werden können, werden wir im siebenten Kapitel darstellen. Für Eskalation und Deeskalation gilt: Je mehr eine Situation eskaliert, desto weniger Platz gibt es für Beziehung. Konflikte fressen Beziehungen auf. Übernehmen Eltern nun die einseitige Initiative in Form einer wertschätzenden Beziehungsgeste, hat das potenziell eine sehr förderliche Wirkung. Warum? Zum einen, weil wir das Kind damit positiv überraschen, zum anderen zeigt es noch etwas anderes: Der Streit überlagert nicht alles. Dadurch, dass Eltern Beziehungsgesten initiieren, konzentrieren sie sich auf die Gefühle der Zuneigung, die sie ihrem Kind gegenüber hegen, und die sie vielleicht durch die ständigen Reibereien schon fast vergessen haben. Auch beim Kind, obwohl es das vielleicht nicht immer zugibt, kommt an: Meine Eltern haben mich gern und sind an einer guten Beziehung zu mir interessiert.

Vielleicht fällt es Ihnen als Eltern schwer oder Sie halten es gar für unmöglich, gerade in einer solch angespannten Lage Gesten der Zuneigung zu zeigen. Vielleicht haben Sie auch Angst, dadurch schwach zu wirken. Sie können sich in dem Fall sagen: Ein gebrochenes Bein muss eingegipst werden und Gips ist auch keine natürliche Sache. Genauso benötigt eine zerbrochene Beziehung Gips, auch wenn Ihnen dies zunächst befremdlich vorkommt. Es mag vielleicht sein, dass Ihnen liebevolle Gesten im ersten Moment noch nicht leicht von der Hand gehen, aber am nächsten Tag kann das schon ganz anders sein. Sie entsprechen damit den beiderseitigen Wünschen und Sehnsüchten nach Beziehung. Das heißt: Keine Scheu vor einer sanften Annäherung, auch wenn sie Ihnen zunächst noch fehl am Platz vorkommt. Sie stärken damit immer sich selbst und die Begegnung. Weit entfernt davon, Sie zu schwächen, signalisieren Gesten der Zuneigung, dass Sie sich von Konflikten das Heft nicht aus der Hand nehmen lassen und sich nicht durch die Provokationen von Ihrer liebenden und sorgenden Haltung abbringen lassen. Das folgende Beispiel zeigt, wie stärkend Beziehungsgesten sein können.

Paul, 14 Jahre, spielt in einer Tour Computer und reagiert äußerst verärgert, wenn ihn jemand in seinem Zimmer stört. Da klopft die Mutter an der Tür: »Paul, ich habe dir eine Kokostorte gemacht.« Diese mag Paul liebend gern. Trotzdem knurrt er: »Ich will jetzt keine Kokostorte, lass mich allein!« Die Mutter antwortet darauf: »Ich stelle dir deine Kokostorte in die Küche, du kannst sie dann essen, wann immer du willst.« Daraufhin Paul: »Ich will keine Torte und esse sie auch nicht!« Die Mutter sagt ruhig, ohne zu drängen: »Ich habe sie für dich gemacht, weil ich dich liebe, aber ich kann dich nicht zwingen, sie zu essen.« Paul zeigt Willensstärke und isst keine Kokostorte. Am nächsten Wochenende backt die Mutter wieder eine und fragt ihn das Gleiche. Diesmal hat sie schon ein Lächeln auf den Lippen. Warum? Weil sie weiß, dass Paul in einem Dilemma steckt: Er liebt Kokostorte, aber sein Stolz verbietet es ihm jetzt in dieser Situation, sie zu essen. Vielleicht wird er sich, wenn die Mutter außer Sicht ist, in die Küche

schleichen und ein Stück nehmen. Wir meinen, dass der Lieblings-
kuchen im Magen des Kindes gute Beziehungsarbeit leistet. Dazu
kommt, dass die Mutter diese Situation souverän gemeistert hat.

Das »heimliche« Essen der Kokostorte kann als Indikator für eine
Verbesserung der Beziehung angesehen werden, aber das ist nicht
das Entscheidende.

Maßgeblich ist, dass wir Eltern selbst entscheiden können, wann
wir eine Beziehungsgeste einsetzen. Das hängt nicht von den Reaktionen unseres Kindes ab. Wir können der Beziehung dann etwas
Gutes tun, wenn wir es für sinnvoll und richtig erachten oder einfach
nur, um gute Momente im Miteinander zu schaffen. Das ist starke
Elternschaft: Wir ergreifen liebevoll die Initiative, anstatt unsere
Zuneigung vom Verhalten des Kindes abhängig zu machen.

Es gibt noch viele andere Beziehungsgesten, die Eltern stärken
und positive Auswirkungen auf die Beziehung haben: ein gemeinsamer Spieleabend, ein Kinobesuch, ein Dabeisein beim Training,
ein Mitbringsel oder einfach nur ein nettes Wort.

Beziehungsgesten zeigen Ihrem Kind, dass es für Sie noch viel
mehr gibt, als sich über die Auseinandersetzungen oder über die
Sturheit Ihres Kindes zu ärgern. Gesten der Wertschätzung entzie-
hen dem Konflikt den Boden und zeigen Lösungsmöglichkeiten auf.
Unsere Empfehlung ist daher: Seien Sie einmal am Tag freundlich
zu Ihrem Kind und schenken Sie ihm eine Beziehungsgeste. Wichtig
ist, dass Beziehungsgesten nicht in teure Geschenke ausarten. Dem
Kind das neueste Handymodell zu kaufen, sieht eher nach einem
Bestechungsversuch als nach einer Beziehungsgeste aus.

Ist Deeskalation erlernbar?

»Alles gut und schön, nun habe ich viele Tipps bekommen, aber
wenn ich die Wut im Bauch habe, dann gehen die Pferde oft mit
mir durch … Wie soll ich mich da kontrollieren und deeskalieren?
Eigentlich bezweifle ich, dass ich das wirklich lernen kann«, meinen

viele Mütter und Väter, wenn sie das erste Mal von der Idee der Deeskalation hören. Sie sind grundsätzlich begeistert, wissen aber nicht, wie sie es anstellen sollen. Kann man Deeskalation wirklich erlernen?

Auch wenn Sie sich als hoffnungslosen Choleriker beschreiben würden: Deeskalation und Selbstkontrolle sind erlernbar. Alles, was Sie brauchen, ist ein bisschen Zeit, Achtsamkeit gegenüber sich selbst, den anderen und der Situation gegenüber sowie wiederholtes Üben.

Es beginnt damit, dass Sie klein anfangen, in sich selbst hineinhören und Ihre eigenen Reaktionen auf verschiedene Situationen beobachten. Sie merken dann möglicherweise, dass Sie manche Punkte innerlich so aufbringen, dass Sie unversöhnlich sind. Übermitteln Sie sich zunächst selbst eine Versöhnungsbotschaft, beispielsweise: »Diese Verhaltensweisen bemerke ich bei mir, sie bringen mich nicht unbedingt weiter, aber sie gehören zu mir dazu.«

Sind Sie dann weiter achtsam gegenüber Dingen, die Sie besonders aufregen und ärgerlich machen. Versuchen Sie diese Auslöser in aller Ruhe herauszufiltern und für sich festzuhalten. Dies gelingt am besten in Momenten der Entspannung und von einer entfernten Warte aus. Versuchen Sie der Frage auf den Grund zu gehen, ob bestimmte Punkte bei Ihnen immer bestimmte Reaktionen auslösen oder ob sich dieses automatisierte Programm stoppen lässt.

Beschäftigen Sie sich dann mit der Frage, was Sie in herausfordernden Situationen beruhigt, etwa einen Schritt zurücktreten, an etwas anderes denken oder tief ein- und ausatmen. Verbinden Sie einen Auslösereiz nun einfach nicht mehr mit einer negativen impulsiven Reaktion, sondern mit einer Ihrer Beruhigungsreaktionen. Immer dann, wenn Sie bemerken, dass Sie beginnen, sich aufzuregen, atmen Sie beispielsweise tief durch oder treten zurück. Das mag am Anfang etwas anstrengend sein, automatisiert sich aber schnell. Rasch werden Sie über ein bisschen mehr Gelassenheit verfügen. Ihr Partner, Ihre Umgebung und vor allem Ihre Kinder werden dies bemerken und es Ihnen danken – wenn auch manchmal nicht sofort.

Abschließend lässt sich sagen: Deeskalation lernen Sie, indem Sie Ihrem Hirn beibringen, einen beunruhigenden Auslöser mit einer beruhigenden Reaktion zu verbinden. Steht diese neue Verknüpfung, hat es der Wüterich in Ihnen bedeutend schwerer.

Zusammenfassung

Deeskalation und Selbststeuerung sind neben Präsenz und wachsamer Sorge ein weiteres Standbein der elterlichen Selbstverankerung. Die Worte Deeskalation und Selbststeuerung beschreiben die Kunst, sich in herausfordernden Erziehungssituationen nicht reizen und hineinziehen zu lassen, sondern sich zu kontrollieren und zu bremsen. Während Eskalation die Beziehung immer einengt, erweitert Deeskalation diese: Weniger Eskalation bedeutet mehr Platz für Beziehung! Eskalation und Deeskalation folgen neuronalen Mustern der Stressreaktion.

- *Eskalation:* Hierbei handelt es sich um verselbstständigte Muster von Stressreaktionen. Aggressions- und Bedrohungssituationen werden überbewertet, daran anschließende Handlungen fallen dementsprechend oft überzogen aus.
- *Deeskalation:* Die durch die Stressreaktion bereitgestellte Energie wird für die Lösung einer herausfordernden Situation genutzt. Sie verwenden diese Energie zunächst, um Ihre Reaktion zu verzögern. Dann nutzt Ihr Gehirn die Stresshormone automatisch für Begegnung und Entspannung.

Folgende sieben Möglichkeiten der Deeskalation haben wir besprochen:

- Verzögern Sie die Reaktion oder: Schmieden Sie das Eisen, wenn es kalt ist.
- Kommunizieren Sie wertschätzend und konstruktiv.
- Betonen Sie das Wir, nicht das Ich und Du.
- Geben Sie Fehler zu und korrigieren Sie sie.
- Beharren Sie, anstatt zu besiegen.
- Finden Sie die Auslöser, die Sie und Ihr Kind auf die Palme bringen.
- Setzen Sie Beziehungsgesten ein.

Tipps für eine erfolgreiche Deeskalation:

- Identifizieren Sie Ihre wunden Punkte, also Bemerkungen und Verhaltensweisen, die Sie wütend und ungeduldig machen.
- Versuchen Sie diese Reizkonstellationen nicht in impulsive Reaktionen münden zu lassen.
- Atmen Sie langsam ein und aus, wenn Sie merken, dass Sie sich hineinziehen lassen.
- Warten Sie einfach ab und beobachten Sie, was passiert, wenn Sie bemerken, dass Sie eine Situation sehr aufregt, Sie aber schnell reagieren müssen und keine Antwort parat haben.
- Bleiben Sie auch im Eifer des Gefechts respektvoll und wertschätzend gegenüber anderen.
- Behalten Sie gerade in schwierigen Situationen die Beziehung immer im Blick.
- Äußern Sie Ihre Meinung deutlich und vertreten Sie Ihre Haltung klar.
- Bleiben Sie beharrlich und versuchen Sie nicht, Ihr Kind zu besiegen.
- Zeigen Sie Gesten der Zuneigung und Wertschätzung.
- Und abschließend ein kleiner Hinweis, wie Sie einen sehr häufigen Streitauslöser umgehen: Drücken Sie nie den Ausschaltknopf, wenn Ihr Kind vor dem Computer sitzt. Das ist ein sehr gefährlicher Eskalationsknopf!

Gemeinsam erziehen oder die Kunst der Unterstützung

Seit Tagen geht die 15-jährige Mira nicht in die Schule. In der Früh klagt sie über Kopfweh und Bauchschmerzen, schließt sich in ihrem Zimmer ein und nimmt keine Nahrung zu sich. Sie ist schon bedrohlich abgemagert. Ihre Mutter, eine Juristin, kommt fast um vor Sorge. Sie ist alleinerziehend, der Vater hat die Familie vor drei Jahren verlassen. Alles steht auf dem Spiel, zumindest in der Vorstellung von Miras Mutter. Sie bekniet Mira förmlich, in die Schule zu gehen, sie bittet und bettelt, dann reißt ihr der Geduldsfaden und sie schreit Mira an. Das Resultat ist klar: Mira igelt sich noch mehr ein, bleibt in ihrem Zimmer und zieht sich die Bettdecke über den Kopf.

Miras Mutter gibt jedoch nicht auf. Sie hat von befreundeten Eltern gehört, man solle in sehr schwierigen Situationen nicht allein bleiben. Ein Psychologe hat ihnen das während eines Beratungsgesprächs geraten. Aber wen soll sie fragen? Schweren Herzens entscheidet sie sich, ihrer Mutter, der Oma von Mira, das Problem zu schildern und um Hilfe zu bitten. Und zu ihrer Überraschung reagiert diese gar nicht belehrend, sondern ist bereit, sofort zu kommen und mit Mira zu reden. Gemeinsam finden die beiden dann weitere Unterstützerinnen und Helfer. Die Firmpatin von Mira führt am Nachmittag ein stundenlanges Gespräch mit ihr. Sie ist sehr einfühlsam, lässt jedoch keinen Zweifel daran, dass Mira in die Schule gehen und Hausaufgaben machen sollte. Dann ist auch noch eine Schulfreundin zu gewinnen, die sich nach Mira erkundigt und am Nachmittag vorbeikommt und die Hausaufgaben mitbringt. Auch der Vater klinkt sich ein. Miras Mutter wird bei so viel Unterstützung immer stärker, tritt gegenüber Mira anders auf, sie ist ruhiger, entschiedener und gelassener. Die Gespräche werden besser und so kommt zu Tage, dass Mira Angst hat, nicht gut genug zu sein. Sie glaubt den Anforderungen, die sie an sich selbst stellt, und den vermeintlichen Anforderungen ihrer Mutter nicht genügen zu können. Sie ist schließlich bereit, zu einem Psychologen zu gehen, um ihre Ängste und Sorgen zu besprechen, und sie entschließt sich ganz von allein, wieder in die Schule zu gehen.

Theo, acht Jahre, jagt seine kleine Schwester Lea. Er läuft hinter ihr her, bringt sie zu Fall und zwickt sie so, dass Lea quietscht. Die Mutter versucht schimpfend, Theo im Zaum zu halten:»Theo, tu dies nicht, Theo, tu das nicht, Theo, wenn du so weitermachst, darfst du nicht fernsehen« usw. Theo beeindruckt das alles nicht, er zieht der Mutter gegenüber Grimassen, verbarrikadiert sich, läuft ihr davon und ruft:»Du erwischt mich ja sowieso nicht, du erwischt mich ja sowieso nicht.« Auch Vaters Schimpfen am Abend, er dürfe der kleinen Lea nichts tun, bringt keinen Erfolg. Da haben die Eltern plötzlich eine andere Idee. Sie laden zu einem Treffen in ihrer Wohnung ein. Es kommen Theos Tante, die Oma, der Opa und eine ältere Cousine, von der Theo viel hält. Alle sitzen rund um den Tisch zusammen und beraten darüber, wie sie die Eltern dabei unterstützen können, mit Theo umzugehen. Theo ist nicht eingeladen, sitzt ganz neugierig in seinem Zimmer und will natürlich alles wissen. Die Ergebnisse der Runde können sich sehen lassen: So wird die Oma einmal mit Theo reden, die Tante kann Theo manchmal zu sich nehmen, die Cousine kann öfters mit Theo spielen. Das Erfreulichste aber ist: Theos Eltern fühlen sich weniger in die Ecke gedrängt, sie reagieren souveräner und plötzlich ändert sich auch Theos Verhalten.

Ein afrikanisches Sprichwort besagt, dass man ein ganzes Dorf braucht, um ein Kind großzuziehen. Nehmen wir das Bild vom Anker dazu. Wenn Eltern in der Erziehung auf sich allein gestellt sind, dann hat dieser Anker nur einen Haken. Viel besser ist es, um zusätzlichen Rückhalt und Unterstützung zu bitten. Dann hat der Anker bald mehrere Haken. Und ganz offensichtlich ist: Wer bei der Erziehung auf Unterstützung zählen kann, tut sich leichter. Wir bekommen mehr Halt und Sicherheit. Wenn wir etwas sagen, hört es sich nicht mehr an wie eine einzige Stimme, sondern wie ein ganzer Chor. Wenn wir Rückhalt und Entlastung spüren, baut sich sofort eine andere Haltung gegenüber Kindern auf.

Sich eine solche Unterstützung zu organisieren, ist heute leichter gesagt als getan. Gesellschaftlich gesehen hat das Modell der Großfamilie ausgesorgt. Erziehung ist zur Angelegenheit der Kernfamilie, von Vater und Mutter, geworden und allzu oft zur Angelegenheit des alleinerziehenden Elternteils. »Ich versuche ja, mein Bestes zu geben«, klagt eine Mutter, »meine Eltern wollen nichts mehr mit Erziehung zu tun haben, mein Mann hat keine Zeit, also bleibe nur ich übrig. Ich geniere mich irgendwie, dass ich nichts Besseres zustande bringe.«

Wissenschaftliche Untersuchungen belegen mehr als deutlich, dass diejenigen, die in der Erziehung nicht auf sich gestellt sind, lockerer, souveräner und ruhiger agieren. Dies liegt daran, dass man Herausforderung teilen, sich austauschen und beim Austausch innehalten kann. Noch etwas zeigt die Forschung auf: Wenn Kinder wissen, dass ihre Eltern Unterstützung haben, sinkt die Häufigkeit schwierigen und auffälligen Verhaltens. Das gilt auch für die Beziehung zwischen Eltern und Lehrerinnen. Wenn Eltern und Lehrerinnen einander unterstützen, geht es gut voran. Wenn sie sich gegenseitig hindern oder miteinander streiten, zahlt das Kind den Preis.

Auf dem Weg zum Unterstützernetzwerk: Stolpersteine umgehen

Obwohl diese Argumente eigentlich den meisten einleuchten, fällt es doch vielen Eltern schwer, sich Unterstützung zu organisieren. Woran liegt das? Interessanterweise liegt es nicht wie von vielen befürchtet daran, dass andere nicht helfen wollen. Wir erleben immer wieder große Wellen der Hilfsbereitschaft. Die Schranken existieren im Kopf der Eltern selbst, vor allen Dingen in Form

- der Wahrung der Privatsphäre und
- der Scham.

Lassen Sie uns zum ersten Punkt kommen. »Wie wir erziehen, miteinander umgehen und wie es bei uns zu Hause ist, geht niemanden etwas an. Das ist eine Privatangelegenheit«, ist immer wieder zu hören.

Es ist nun unumstritten, dass Menschen ein Recht auf Privatsphäre, auf einen Rückzugsort haben. Aber manchmal gehen selbstgewählte und selbsterklärte Ansichten darüber, was innerfamiliäre Angelegenheiten sind, einfach zu weit und behindern eine gelingende Erziehung.

Nehmen wir das Beispiel innerfamiliäre Gewalt. Wir wissen, wann diese Gewalt gestoppt werden kann: nämlich genau dann, wenn sie öffentlich gemacht und der Schleier des Privaten gelüftet wird. Wird Familiengewalt geheimgehalten, wird sie fest im System installiert. Dies gilt für alle Formen von Gewalt in der Familie, nicht nur für Gewalt des Vaters gegenüber der Mutter, der Eltern gegenüber ihren Kindern, sondern auch für Gewalt von Kindern gegeneinander oder Gewalt von Kindern gegenüber ihren Eltern. Letzteres gibt es leider viel öfter, als man denkt. Ein Beispiel hierfür:

> »Ich gehe, wenn sie nach Hause kommt!«, sagt die 50-jährige Ursula über ihre 17-jährige Tochter, »ich lasse mich von ihr nicht systematisch beleidigen, an den Haaren ziehen und schlagen.«

Privatheit dort, wo Privatheit angebracht ist, aber bei Gewalt ist Öffentlichkeit wichtig. Das Hinzuziehen von Helferinnen und Helfern schafft diese Öffentlichkeit. In einem solchen Rahmen können Eltern ihren Job dann gut machen.

Genauso kann es bei Selbstverletzungen oder Selbstmordandrohungen keine Heimlichkeit geben. Diese sind keine Privatsache, geht es doch hier um Leben und Tod. Ist das seelische und körperliche

Wohl eines Familienmitglieds massiv bedroht, geht das alle in der Familie und im Bekanntenkreis an. Oft denken wir jedoch gerade in solchen Situationen nicht daran, uns Hilfe zu holen.

Den hohen Wert der Privatsphäre gilt es hier in Frage zu stellen, sonst gehen wir Eltern unserer Ankerfunktion verlustig. Indem man sich anderen anvertraut und sich Unterstützung organisiert, entgeht man dieser Gefahr.

Kommen wir nun zum zweiten Punkt, der Scham.

> »Alles gut und schön«, sagt uns Ursula und ihr Mann pflichtet ihr bei, »aber wir schämen uns dafür, dass bei uns so viel schief läuft. Wir schämen uns und fürchten, dass sich unser Kind beschämt fühlt, wenn wir es anderen erzählen. Das ist für uns eine ganz schreckliche Vorstellung. Wir wollen unser Kind nicht an den Pranger stellen.«

Was ist nun eigentlich Scham? Scham ist ein Gefühl der Verlegenheit oder der Bloßstellung, das durch die Verletzung unserer Intimsphäre entstehen kann, aber auch dadurch, dass wir (auch vermeintlich) Handlungen vollzogen haben, die nicht den Erwartungen und Normen entsprechen. Körperliche Begleiterscheinungen von Scham können Herzklopfen und Erröten sein.

Scham kann eine schlimme Erfahrung sein, besonders dann, wenn sie an ausgrenzende Erfahrungen gekoppelt ist. »Du hast dir etwas zuschulden kommen lassen, du hast etwas falsch gemacht. Schäm dich, ab in die Ecke, du gehörst nicht zu uns!« Das Gefühl der Scham wird auf diese Weise eng mit Beleidigung und Strafe verknüpft.

Scham kann jedoch auch zu einem konstruktiven, förderlichen Erlebnis werden. Das Gefühl ist vielleicht trotzdem nicht angenehm, aber es bewirkt etwas ganz anderes. Das ist besonders dann der Fall, wenn Scham in einem unterstützenden Kontext erfahren wird.

> Nehmen wir das Beispiel von Theo. Theo schlägt seine kleinere Schwester und die Mutter informiert den Onkel. Der Onkel sagt zu Theo: »Theo, ich halte große Stücke auf dich. Ich glaube an dich und

liebe dich, aber ich weiß, dass du deine Schwester geschlagen hast, und das ist nicht akzeptabel. Ich glaube, dass du das überwinden kannst, und ich bin bereit, dir zu helfen. Du kannst dich jederzeit an mich wenden, wenn du verärgert bist, aber Schläge und Erniedrigungen gegenüber deiner Schwester haben in unserer Familie keinen Platz! Zusammen werden wir schon eine Lösung finden!« Theo ist nun peinlich berührt und wird seine Mutter fragen: »Warum hast du das dem Onkel erzählt? Das geht ihn doch gar nichts an!« Dann wird die Mutter offen erklären können: »Wenn du deine Schwester schlägst, dann ist es auch die Sache deines Onkels, nicht nur deine. Es geht uns alle etwas an, weil ihr, du und deine Schwester, uns wichtig seid!«

So kann eine positive Schamerfahrung aussehen. Kinder müssen lernen, solche Erfahrungen auszuhalten. Deswegen sollten Sie Scham nicht tabuisieren. Wenn ein Kind nie auch nur die kleinste Erfahrung mit Scham gemacht hat, wird es sich später mit der Akzeptanz von Grenzen und Selbststeuerung schwertun. Positive Schamerfahrungen sind in einem unterstützenden Kontext deswegen durchaus hilfreich, übrigens nicht nur bei Kindern!

Grundsätze für die Organisation eines Unterstützernetzwerks

Was ist nun zu berücksichtigen und welche Grundsätze sind sinnvollerweise einzuhalten, wenn Eltern Unterstützung organisieren?

Erster Grundsatz: Unterstützung erbitten, nicht einfordern
Die Lehrerin von Florian ist empört. Nie macht Florian seine Hausaufgaben, außerdem ist er in der Früh übermüdet und passt nicht auf. Also schreibt sie der Mutter von Florian einen Brief:

»Sehr geehrte Frau X,
Florian ist im Unterricht ständig undiszipliniert, erledigt seine Hausaufgaben nicht und wirkt übermüdet. Bitte sorgen Sie dafür, dass

er genug Schlaf bekommt und die Hausaufgaben gemacht werden. So kann es nicht weitergehen.«

Die Mutter verfasst daraufhin einen Antwortbrief:

»Sehr geehrte Frau X,
danke für Ihre Information. Bitte sorgen Sie dafür, dass Florian im Unterricht aufpasst und seine Hausaufgaben ins Hausaufgabenheft einträgt. Zumindest das darf ich von Ihnen erwarten.«

Es ist ganz augenscheinlich: So wird es zu keiner Unterstützung kommen, zur gegenseitigen Verärgerung schon eher. Wie können wir nun eine positive, kooperationsfördernde Grundstimmung herstellen, gerade wenn das Verhältnis zwischen Schule und Elternhaus angespannt ist? Der Grundsatz lautet: Unterstützung fordern wir nicht ein, um Unterstützung bitten wir. Wir bitten darum, weil wir möglicherweise ein gemeinsames Problem haben und in einem Boot sitzen. Es ist meist sehr hilfreich zu betonen, dass man vor einer gemeinsamen Herausforderung steht. Die Anfrage: »Wir haben hier, so wie ich es sehe, beide ein Problem. Ich bitte Sie um Ihre Unterstützung«, verhallt oft nicht ungehört. Dementsprechend könnte der Brief einer Lehrerin an eine Mutter in etwa so aussehen:

»Sehr geehrte Frau X, liebe Mutter von Florian,
Florian ist ein aufgeweckter Junge, besonders seine Sportlichkeit beeindruckt uns immer wieder. Ich schätze es sehr, Ihren Sohn in der Klasse zu haben. Er ist bei seinen Mitschülern beliebt und anerkannt. Probleme bereitet mir, dass Florian in der Früh oft unausgeschlafen ist und seine Hausaufgaben vergisst. Ich erbitte nun Ihre Unterstützung, damit wir dieses Problem gemeinsam angehen können. Sie als Mutter stehen Florian nahe und kennen ihn. Gern würden wir hier auf Ihre elterlichen Kompetenzen zurückgreifen. Vielleicht könnten wir uns einmal treffen und über diese Themen reden?«

Die Mutter antwortet:

»Sehr geehrte Frau X,
danke für Ihr Schreiben. Es ist sehr aufmerksam von Ihnen, dass Sie uns Eltern informieren. Ganz offensichtlich haben wir eine gemeinsame Herausforderung zu bewältigen. Sehr gern bieten wir unsere Unterstützung an und kommen zu einem Gespräch in die Schule.«

Zweiter Grundsatz: Sich trauen, um Unterstützung zu bitten, und anderen die Unterstützung zutrauen und zumuten

Johanna, die Mutter von Felix, traut sich nicht. Sie würde zwar gern ihre Freundin und ihre Mutter um Unterstützung bitten, aber sie ist sich unsicher: »Beide sind doch so beschäftigt. Sie haben doch keine Zeit. Ich kann ihnen das nicht zumuten. Außerdem: Wie soll ich es formulieren, was sage ich ihnen, damit sie mein Anliegen verstehen? Werden sie mich überhaupt hören?«

So jagen ihre Gedanken hin und her. Schließlich fasst sie sich, unterstützt von einem Berater, ein Herz und schreibt eine Mail an ihre Freundin. Die Antwort überrascht sie völlig. Offenbar hat die Freundin schon auf die Nachricht gewartet und ist sofort bereit zu helfen. Auch ihre Mutter bzw. die Oma von Felix ist ganz begeistert und möchte sich engagieren. Johanna hat nun auch den Mut, den manchmal etwas belehrenden Ton ihrer Mutter anzusprechen: »Mutter, wenn du mir hilfst, ist es großartig, wenn du mich belehrst, hilft es mir leider nicht.« Die Großmutter kann dies annehmen.

 Zentral ist also bei diesem zweiten Grundsatz, sich zu trauen, um Unterstützung zu bitten, und anderen diese Hilfeleistung auch zuzutrauen und zuzumuten. Oft ist es nämlich so, dass man nicht nur Angst hat, belehrt oder bevormundet zu werden, sondern dass man anderen nicht zutraut, Unterstützer sein zu können. Damit man Unterstützung sich selbst und anderen zutraut und einfordert, kann eine Beratung durch Fachkräfte hilfreich sein. Werden

Bedürfnisse einmal ohne sofortiges Bewerten und Weiterdenken ausgesprochen, stärkt dies die Hilfe suchende Person ganz beträchtlich.

Dritter Grundsatz: Freiwilligkeit

Dirk schaltet auf Durchzug. Wieder einmal hat ihn seine Exfrau angerufen und sich bitter beklagt, wie schrecklich es mit Martin, dem gemeinsamen Sohn, sei. Er solle endlich etwas tun, das sei immerhin seine Pflicht als Vater.

Beate bittet ihren Trauzeugen Jens, der zugleich der Firmpate ihres Sohnes ist, um Hilfe. Jens windet sich wie ein Aal, weil er genau weiß, dass er keine Zeit hat. Und mit seinem unspezifischen Angebot, ab und zu etwas mit dem Teenager zu unternehmen, ist die Mutter nicht zufrieden.

Eine wichtige Voraussetzung für Unterstützung ist Freiwilligkeit, das bedeutet: Die Unterstützung muss aus freien Stücken zugesagt und erbracht werden. Wenn potenzielle Helfer sich zur Unterstützung genötigt fühlen, wird es schwierig, wie die vorangehenden Beispiele zeigen.

Ein Telefongespräch, das in dieser Form geführt wird, könnte eher zum Erfolg führen:

»Hallo Jens, ich bin es, Beate, die Mutter von Lukas. Ich wende mich mit einer großen Bitte an dich. Wie du weißt, haben wir große Schwierigkeiten, Lukas davon zu überzeugen, seine Ausbildung ordentlich zu Ende zu machen. Er will einfach nicht in die Berufsschule gehen. Wir wissen, dass du einen guten Draht zu Lukas hast, er erzählt auch immer ganz begeistert von dir. Wir bitten dich nun, uns zu unterstützen. Wäre das für dich möglich? Könnten wir uns einmal zusammensetzen, um darüber zu reden?«

Potenzielle Helfer: Wer kann unterstützen?

Unterstützer innerhalb der Familie

Großeltern sind als Unterstützer eine fantastische Ressource. Forschungen beweisen, dass die Verhaltensprobleme von Kindern zurückgehen, wenn Großeltern in die Erziehung involviert sind. Sie können viel mehr erreichen, als wir glauben. Es zahlt sich also aus, sie mehr am Familienleben teilhaben zu lassen, ihnen mehr vom Alltag zu erzählen und sie um Hilfe zu bitten, wenn es klemmt. Oft glauben wir, dass die Großeltern mit Hilfeleistungen überfordert sein könnten, weshalb wir davon absehen, sie um Unterstützung zu bitten. Zumeist ist das Gegenteil der Fall: Sie sind oft gern bereit, der Familie in schwierigen Situationen mit ihrer Erfahrung beizustehen und ihr Möglichstes zu versuchen. Trauen Sie den Großeltern ruhig zu, sich selbst bei Ihnen zu melden, wenn es ihnen zu viel wird und die Leistungsgrenze erreicht ist.

Andere Familienmitglieder wie Neffen, Cousinen oder Firmpaten können eine große Stütze sein. Wichtig ist, dass Sie ihnen Ihr Anliegen offen und klar schildern und darauf achten, dass ihre Unterstützung auf Freiwilligkeit beruht.

Auch *getrennt lebende Väter und Mütter* sollten nicht außer Acht gelassen werden. Tatsächlich sind in getrennt lebenden Familien oder Scheidungsfamilien ehemalige Partnerinnen und Partner viel häufiger bereit, in der Erziehung der gemeinsamen Kinder zu unterstützen, als Sie glauben. Die Zauberformel, sie zu gewinnen, lautet: respektvolles und höfliches Anfragen sowie geduldiges Abwarten und freundliches Beharren, falls nicht sofort eine Zusage erfolgt. Vor allem gilt es – und das ist sicher das Schwierigste –, konstruktiv zu bleiben, wenn alte Kommunikationsmuster wieder zuzuschlagen drohen.

So könnte ein Gespräch aussehen, in dem der ehemalige Partner, Dirk, nicht auf Durchzug schaltet:

MUTTER: »Lieber Dirk, ich bitte dich um Unterstützung, es geht um unseren Sohn Martin. Es ist für mich gerade sehr schwierig mit ihm.«

VATER: »Warum sollte ich – nach all dem, was du mir angetan hast.«

MUTTER: »Ich weiß, zwischen uns gibt es viel Trennendes, viel Kränkendes. Aber du bist und bleibst sein Vater und hast ein spezielles Händchen für ihn. Deine Kompetenz würde mir sehr weiterhelfen.«

VATER: »Das sagst du jetzt nur so.«

MUTTER: »Bitte überleg es dir, ich würde mich sehr freuen.«

Manchmal gestaltet sich so ein Gespräch äußerst zäh und sorgt für neuerliche Wut und Enttäuschung. Es kann in solchen Fällen helfen, einen Vermittler einzuschalten, um mit der ehemaligen Partnerin, dem ehemaligen Partner sprechen und um ihre bzw. seine Hilfe bitten zu können.

Unterstützer außerhalb der Familie

Eltern der Freunde des Kindes können ebenfalls wichtiger Teil des Netzwerks werden:

Die 16-jährige Laura verspricht zwar, abends um 22 Uhr zu Hause zu sein, meist kommt sie aber nicht vor ein Uhr in der Früh zurück. Unterwegs ist sie mit ihren Freundinnen Mila und Klara. Zufällig treffen sich die Eltern der drei Teenager bei einem Elternabend in der Schule und sie überlegen: »Unsere Kinder sind oft viele Stunden zusammen, oft wissen wir nicht, was sie machen. Vielleicht wäre es gut, wenn wir öfter miteinander sprechen und in Kontakt bleiben. Gemeinsam können wir unseren Kindern vermitteln, dass wir nicht wollen, dass sie unter der Woche länger als bis 22 Uhr weg sind.« Bei der Verkündung dieser Botschaft wird Laura vielleicht versuchen einzuwenden: »Mutter, du bist die Einzige, die das will, alle anderen dürfen auch länger wegbleiben.« Dann kann die Mutter ruhig und bestimmt sagen: »Ich habe auch mit den Eltern von Mila und Klara gesprochen. Wir alle möchten, dass ihr unter der Woche vor 22 Uhr nach Hause kommt.«

Bilden Eltern eine solche Elterngemeinschaft, können sie sich wechselseitig unterstützen, vernetzen und Informationen austauschen. Das verleiht Stärke und Souveränität. Zusammenschlüsse wie diese sind auch die beste Möglichkeit, bestimmte Tricks unserer Kinder zu unterlaufen, wenn sie uns beispielsweise weiszumachen versuchen: »Alle dürfen das, nur ich nicht. Nur du bist so überängstlich.« Erwidern können Sie darauf: »Fändest du es wirklich gut, wenn du uns nicht so am Herzen liegen würdest? Deshalb haben wir auch ein Auge auf dich und sprechen uns gegenseitig ab. Du bist uns viel zu wertvoll, als dass wir uns nicht um dich sorgen.«

Auch *Lehr-, Aufsichts- und Betreuungspersonen* können eine wertvolle Quelle der Unterstützung sein. Sie lernen das eigene Kind in anderen Kontexten kennen und haben andere Zugänge und Möglichkeiten, das Kind zu erreichen. Sie können Ihnen Sicherheit und Zuversicht geben. Die große Herausforderung im Umgang mit Lehrern und anderen Betreuungspersonen ist, das wechselseitige Misstrauen zu überwinden, aus der Rolle der Privatheit auszusteigen und Hilfe nicht einzufordern, sondern um Hilfe zu bitten. Wenn Hilfe kategorisch verweigert oder eingefordert wird, ist das meist ein Zeichen von Angst und großer Unsicherheit. In diesen Fällen ist es günstig, in sich zu gehen, die Reaktion zu verzögern (siehe voriges Kapitel) und sein Anliegen beharrlich zu verfolgen.

Ähnliches gilt für die *Freunde der Kinder.* Viel öfter als Sie denken sind sie bereit, Ihnen zu helfen, wenn Sie sich um Ihr Kind sorgen. Trauen Sie sich, Kontakt mit ihnen aufzunehmen, es lohnt sich.

Max türmt von zu Hause, weil er genug von der Diskussion mit seinem Vater hat, der ihn wieder einmal auf sein exzessives Computerspielen angesprochen hat und möchte, dass er mehr für die Schule lernt. Kaum kommt er bei seinem Freund Dominik an, konfrontiert ihn dieser mit der Botschaft: »Max, was ist los? Dein Vater hat gerade bei mir angerufen. Hat er dich wieder am Wickel zu Hause?«

Das mag nun Max nicht gerade gefallen und Dominik hat möglicherweise seine Freude daran. Wahrscheinlich setzt aber bei Max ein Umdenken ein. Freunde der eigenen Kinder werden als Helfer in schwierigen Erziehungssituationen häufig unterschätzt. Oft wissen Eltern nicht, wie sie sie ansprechen sollen, oft trauen sie es ihnen auch nicht zu oder möchten es ihnen nicht zumuten, eine Unterstützung zu sein. Die Erfahrung zeigt jedoch: Gerade Teenager sind (insgeheim) froh, wenn man sie um Hilfe bittet und ihre Dienste in Anspruch nehmen will. Das Einzige, was zu tun ist, ist, sein Kind höflich und geduldig sowie zum richtigen Zeitpunkt um die entsprechenden Kontaktdaten zu bitten. Wenn dies auf Augenhöhe geschieht, gibt es kaum einen Jugendlichen, der einem Elternteil die Telefonnummern seiner Freunde vorenthält. Sehr wichtig ist auch, diese Schritte nicht hinter dem Rücken des eigenen Kindes zu unternehmen, sondern sein Vorgehen offenzulegen. So wird dem Kumpel oder der besten Freundin auch nicht zugemutet, hinter Ihrem Kind herzuspionieren.

Für alle vorgestellten Personengruppen gilt: Unterstützer und Unterstützerinnen müssen nicht immer vor Ort sein, sie können auch weiter entfernt leben.

> Luise hat jeden Mittwoch einen wichtigen Telefontermin. Onkel Ralf aus Kalifornien ruft sie an. Sie plaudern über allerlei, auch über die Schule und die Schwierigkeiten, die Luise in einigen Fächern hat. Luise ist immer ganz angetan, weil ihr Onkel eine so angenehme Stimme hat, und sein Englisch versteht sie auch. Sie nimmt sich fest vor, Ralf einmal in Kalifornien zu besuchen, wenn sie älter ist.

Via E-Mail und Skype kann man wunderbar in Verbindung bleiben, die neuen Medien machen vieles möglich. Gerade für Immigrantenfamilien kann das von höchster Wichtigkeit sein.

Wenden wir uns nun den verschiedenen Rollen zu, die Unterstützer, egal ob es Großeltern, Freunde, Bekannte oder gleichaltrige Teenager sind, haben können.

Unterstützerrollen: Wie können andere helfen?

> Nina ist oft wirklich ganz verzagt und entmutigt. Manchmal wird ihr das mit ihrer Tochter einfach zu viel. Dann ruft sie ihre Freundin an und diese hört ihr zu. Sie lässt Nina einfach erzählen, fällt ihr nicht ins Wort und hat dann und wann einen hilfreichen Ratschlag für sie. Dies tut ihr gut und gibt ihr Kraft.

Unterstützer können *trösten und ermutigen.* In sehr schwierigen Situationen, in denen Hilflosigkeit fast automatisch um sich greift, ist es gut, jemanden zu haben, der einfach zuhört. Das hilft, nicht den Überblick zu verlieren und seine Gedanken zu ordnen. Eine gute Freundin, ein guter Freund ist dann Gold wert.

> Philip ist 14 Jahre alt, voll in der Pubertät und mit seinen Eltern im Urlaub. Am Abend besuchen sie gemeinsam ein Fest in der Stadt. Philip ist durch nichts zu halten, verschwindet mit zwei Mädchen und kommt erst Stunden später, müde und völlig verdreckt, zurück. Philip lässt seinen Frust, dass die Mädchen nichts von ihm wissen wollten, wütend an seinen Eltern aus. Die Eltern zögern nicht lange und rufen ihre Verwandten im benachbarten Bundesland an. Philip bekommt eine Auszeit verordnet, vier Tage ist er bei seinem Lieblingscousin auf dem Bauernhof auf Kurzurlaub. Danach geht alles wieder besser.

Eine wichtige Form der organisierten Unterstützung ist, dass es Menschen gibt, die Ihnen als Eltern auch einmal eine *Auszeit* verschaffen können. Für einen Abend, einen Tag oder ein Wochenende – so wie Henris Großmutter, die den Enkel immer wieder einmal betreut, damit seine Eltern ein paar Stunden für sich haben.

> Mara, 15 Jahre alt, ist nach einem Streit weggelaufen und versteckt sich bei entfernten Verwandten. Durch Zufall kommt ihre Cousine dort vorbei, redet mit ihr und bietet ihre Vermittlerdienste an. Kurz

darauf kehrt Mara wieder nach Hause zurück. Die Cousine begleitet auch das Ankommen im Elternhaus.

Manchmal haben sich Eltern und Kind hoffnungslos festgefahren. Ein *Mediator,* also ein Vermittler, der das Vertrauen beider Seiten genießt, ist in solchen Situationen eine fast unverzichtbare Hilfe.

Rebekka hat große Herausforderungen zu bewältigen. Immer wenn sie ihre Kinder zu ihrem Vater, ihrem Exmann bringt, ist sie Ziel von Angriffen. Dies führt nicht nur bei ihr zu Verunsicherung, sondern auch bei den Kindern. Also nimmt sie zu diesen Terminen ihre beste Freundin mit, die einfach dabei ist und sie durch ihre Anwesenheit unterstützt.

In solchen und ähnlichen Fällen brauchen Eltern, um stark und souverän agieren zu können, einfach *Zeugen,* die sie unterstützen. Hier können Helfer einen wichtigen Beitrag leisten.

Maria weiß manchmal nicht mehr weiter, wenn es mit ihrer Tochter schwierig wird. Dann vereinbart sie einen Termin mit der ihr vertrauten Therapeutin und bespricht ihre Probleme, Sorgen und Nöte mit ihr. Die Therapeutin hat die Gabe, ihr zuzuhören und ihr die richtigen Fragen zu stellen, damit wieder ein Gefüge entsteht, mit dem sie souverän und gut arbeiten kann.

Die *Supervisorfunktion* im Unterstützerkreis ist vor allem dazu da, Strukturen zu schaffen oder wieder sichtbar werden zu lassen, an denen man sich orientieren kann. Im herausfordernden Familienalltag verschwinden diese oft und führen zu Verunsicherung an allen Ecken und Enden.

Für Martin ist es völlig unmöglich, mit seinem Sohn Mark Mathe zu lernen. Im Therapiezentrum, das Martin aufsucht, um Hilfe zu erhalten, findet sich ein junger Mann namens Rick, Mathematikstudent und pädagogisch interessiert. Mit ihm klappt die Nachhilfe sofort wie am Schnürchen und Rick ist noch dazu bereit, sich mit den Eltern über die Stunden auszutauschen. Auch Mark, der von dieser Absprache weiß, ist mit der Situation sehr zufrieden.

Unterstützer können auch als *Nachhilfelehrer* fungieren. Gerade Schulprobleme stehen in vielen Familien im Fokus und führen zu Eskalationen und Verweigerungen. Eine wichtige Unterstützungsform kann sein, dass jemand mit dem Kind lernt.

Die Funktion therapeutischer Fachkräfte im Unterstützungsprozess

In Krisensituationen die richtigen Worte zu finden, das Richtige zu tun, ist alles andere als ein Kinderspiel und für Eltern oft nicht einfach. Dazu sind sie einfach zu sehr Teil des Familiengeschehens. Therapeutische Unterstützung kann in vielen Fällen sehr sinnvoll sein, wenn die eigene Kraft erschöpft ist oder wenn man es gar nicht erst soweit kommen lassen möchte. Will man einen Unterstützungsprozess für sein Kind in die Wege leiten, können Berater und Therapeuten einen wichtigen Beitrag leisten.

Der 16-jährige Markus weigert sich, in den Ausbildungsbetrieb zu gehen, er bleibt zu Hause bei seiner Mutter. Diese gerät immer mehr unter Druck, da es auf Dauer für sie nicht möglich ist, sein Fernbleiben von der Arbeit zu entschuldigen. Der Vater hält sich sehr zurück und ist kaum zur Unterstützung zu bewegen. Beide Großelternpaare sind zwar zur Hilfe bereit, halten aber gegenseitig kaum etwas voneinander. Noch dazu hegen Bekannte und Freunde der Mutter Vorurteile gegen die anderen Helfer. Trotzdem wagt es die Mutter, eine Unterstützerkonferenz (sh. folgender Abschnitt) einzuberufen. Dies tut sie mit Hilfe eines Psychologen, bei dem sie Unterstützung und Rat sucht. Der Psychologe moderiert die Konferenz. Er spricht nicht viel, aber immer dann, wenn sich die Unterstützungsparteien in die

Haare zu bekommen drohen, greift er ordnend ein: »Die einzige Frage und das einzige Ziel, warum wir hier zusammensitzen, ist, wie wir die Mutter von Markus dabei unterstützen können, ihren Job gut zu machen!« Dies beruhigt die Gemüter. Alle bringen nach und nach ihre Ideen ein und können nebenbei auch noch die Erfahrung machen, dass es sich miteinander doch recht angenehm arbeiten lässt.

Eine therapeutische Unterstützung von Eltern in schwierigen Erziehungssituationen kann niemals eine rein individuelle Begleitung sein, es wird immer auch um das System Familie gehen. Der Therapeut ist nicht mehr und nicht weniger als ein Wegbereiter, damit Eltern neue Möglichkeiten entdecken und ausprobieren können. Der Therapeut kann Ihnen als Eltern Ihre Erziehungsarbeit nicht abnehmen, aber er kann Ihnen bisher nicht beachtete Ressourcen und Wege aufzeigen, wie Sie an Ihr Ziel gelangen. Genauso wird ein Therapeut auch nicht ausschließlich allein mit Ihrem Kind arbeiten und sich auf seine Verschwiegenheit zurückziehen, außer wenn es um intime, rein persönlichen Dinge geht, sondern sich in wichtigen Fragen mit Ihnen abstimmen. Grundsätzlich wird ein Therapeut, eine Therapeutin immer mit Ihnen im Gespräch bleiben. Es ist keinesfalls Ziel der Fachkraft, die Rolle der Eltern zu untergraben und sich zur besseren Mutter, zum besseren Vater aufzuschwingen. Kinder und Teenager nutzen die leisesten Hinweise darauf gern sofort aus, indem sie Therapiestunden zu einem neuen Bereich der Privatsphäre erklären: »Nein, das bespreche ich nicht mit euch, das bespreche ich nur mit meinem Therapeuten.«

Wenn Sie sich einen Therapeuten oder eine Therapeutin für sich oder für Ihr Kind suchen, sollten Sie folgende Kriterien berücksichtigen:

– Vertrauen Sie dem Therapeuten? Das spüren Sie unmittelbar. Sollten Sie diesbezüglich Zweifel haben, sollten Sie sich einen anderen Therapeuten suchen.
– Ist der Therapeut bereit, sich über Belange des Kindes auszutauschen und Informationen zu teilen? Ein Therapeut, der sich

hinter der Verschwiegenheitspflicht verschanzt, ist wahrscheinlich kein guter Helfer.

- Entwickelt der Therapeut gemeinsam mit Ihnen Möglichkeiten, wie Sie Ihren Job als Mutter bzw. Vater gut machen und stark und souverän agieren können oder belehrt er Sie und deutet an, dass Sie schuld an den Probleme Ihres Kindes sind?
- Ist der Therapeut bereit, seine Einschätzungen und Erfahrungen mit anderen Einrichtungen und Personen zu teilen und Helfernetzwerke zu unterstützen?
- Ist der Therapeut in der Lage, die sensible Balance zwischen der Arbeit mit Ihrem Kind und der Arbeit mit Ihnen zu wahren?
- Verfügt die Einrichtung über die personellen und räumlichen Kapazitäten, um sich eventuell die Arbeit mit Eltern und Kind aufzuteilen? Signalisiert sie zugleich die Bereitschaft, sich über verschiedene Behandlungselemente mit Ihnen auszutauschen?

Die Unterstützerkonferenz: Eine besondere Form des Zusammenwirkens

Eine Unterstützerkonferenz ist zwar aufwändig und bindet viel Zeit und Kraft, kann aber in schwierigen Situationen äußerst hilfreich sein. So ein Treffen beflügelt sowohl Eltern als auch Helfer und kann mit Hilfe einer Fachperson organisiert werden. Eine Unterstützerkonferenz ist für Sie als Eltern in vielerlei Hinsicht von Vorteil:

- Sie fördert die Souveränität der Eltern und stärkt sie.
- Sie wirkt per se gegen Machtkampf und Eskalation.

- Sie erhöht die Verpflichtung zur Selbstkontrolle.
- Sie stärkt das Vermögen, Aufsicht über die Kinder zu führen.

Eine Unterstützerkonferenz unterscheidet sich maßgeblich von oft in psychosozialen Beratungskreisen angewandten Helferkonferenzen. Bei Helferkonferenzen wird über das Kind gesprochen und es werden Möglichkeiten diskutiert, wie Veränderungen im kindlichen

Verhalten bewirkt werden können. Bei der Unterstützerkonferenz steht nicht das Kind im Mittelpunkt, sondern die Person, die Unterstützung erbittet und benötigt.

- Sie lädt die Personen ein, die sie für geeignet hält.
- Sie nennt die Bereiche, in denen sie Unterstützungsbedarf hat, möglichst auch in welcher Form man ihr am besten helfen könnte.
- Die anderen Teilnehmer bringen ihre Kompetenzen als Unterstützer ein und unterbreiten Ideen und Hilfsangebote.

Es ist sinnvoll, Unterstützerkonferenzen von außenstehenden Personen moderieren zu lassen, da die Gefahr groß ist, dass immer wieder über die gewünschte Veränderung des Kindes gesprochen wird. Ein Moderator kann hier gegensteuern.

Eine Unterstützerkonferenz bedarf der eingehenden Vorbereitung. Holen Sie sich hier wie erwähnt gern die Hilfe einer Fachkraft. Folgende Schritte können als Leitfaden dienen:

- Überlegen Sie sich, wie genau das Problem aussieht, für das Sie Hilfe brauchen. Umreißen Sie kurz und knapp die Herausforderung, die Sie nur mit Unterstützung meistern können.
- Suchen Sie mögliche Unterstützer, die Ihnen helfen könnten, und versuchen Sie sie nach den verschiedenen Unterstützerfunktionen auszuwählen.
- Laden Sie diese Unterstützer schriftlich oder mündlich ein.
- Beachten Sie, dass diese Unterstützer eine Bedenkzeit benötigen und dass die Unterstützung freiwillig erfolgen sollte.
- Überlegen Sie schon vorher, wer welche Rolle übernehmen könnte.
- Berufen Sie dann die Unterstützungskonferenz zu einem fixen Zeitpunkt bei sich zu Hause ein.
- Ihr Kind wird sicher neugierig bemerken, dass neben Ihnen noch weitere Leute informiert und engagiert sind. An der Konferenz sollte Ihr Kind jedoch trotzdem nicht teilnehmen: Es geht um Ihre Unterstützer, die Ihnen helfen, als Mutter bzw. Vater präsenter und wirksamer zu sein.

Eine Unterstützerkonferenz könnte dann folgendermaßen ablaufen:
- Der externe Moderator begrüßt alle Teilnehmer und legt das Ziel der Konferenz fest: Es geht ausschließlich um Unterstützung für den Unterstützungssuchenden.
- Es werden Verständnis- und Kooperationsfragen geklärt.
- Die Rollen der Unterstützer werden vorgeschlagen und verteilt.
- Entwerfen Sie einen Plan, wie sich die Unterstützer untereinander vernetzen können.
- Achten Sie auf eine wohlwollende und wertschätzende Atmosphäre.
- Bitten Sie den Moderator, wechselseitige Abwertungen und Machtkämpfe zu unterbrechen.

Das Beste ist, wenn Sie vorab persönlich mit möglichen Unterstützern sprechen. Sie können jedoch auch einen Brief schreiben, der so lauten könnte:

»Lieber Franz/sehr geehrter Herr Schmitt,
wir sind die Eltern von Lara. Wir haben uns professionelle Unterstützung gesucht und organisieren nun mit Hilfe des Beraters eine Unterstützerkonferenz. Große Sorgen machen uns folgende Verhaltensweisen unseres Kindes: _____
        Damit wir diesen Herausforderungen besser begegnen können, brauchen wir als Eltern Unterstützung. Wärst du/wären Sie bereit, uns zu helfen? Gemeinsam mit dir/Ihnen könnten wir sicher dort etwas bewegen, wo wir als Eltern an Grenzen stoßen. Bitte gib/geben Sie uns Bescheid, ob und ab wann du dir das vorstellen könntest/Sie sich das vorstellen könnten. Die Unterstützerkonferenz wird am _____ in _____
stattfinden. Wir freuen uns auf deine/Ihre Rückmeldung.«

Weitere Unterstützerkreise sind sogenannte Elterngremien oder Elternrunden, bei denen sich Eltern in regelmäßigen Abständen treffen, um sich gegenseitig in ihrer Erzieherrolle zu unterstützen und zu stärken.

Eine andere Möglichkeit ist die Teilnahme an einem Gremium in der Schule, zum Beispiel den Schulkonferenzen. Hier sitzen die Direktion sowie Vertreter aus der Lehrer-, Eltern- und Schülerschaft zusammen, um zu besprechen, wie jeder seinen Job bestmöglich machen kann.

Zusammenfassung

In schwierigen Situationen ist es kaum möglich, allein zu einer guten Lösung zu kommen. Versuche, allein stark und souverän zu bleiben, führen in der Auseinandersetzung mit den Kindern dazu, dass man entweder resigniert aufgibt oder eskalierend zurückschlägt. Sich Unterstützung zu organisieren bedeutet im Sinne der Ankerfunktion, einen Anker zu haben, der über mehr als nur eine Befestigung verfügt. Organisierte Unterstützung stärkt Eltern nachweislich und verringert problematisches Verhalten von Kindern.

– Zwei Haupthindernisse tauchen bei der Organisation von Unterstützung immer wieder auf: die Angst vor Verletzung der Privatsphäre sowie Scham. Wenn wir jedoch verstehen, dass diese Reaktionen, wenngleich verständlich, unsere Handlungsfähigkeit und Wirksamkeit als Eltern stark einschränken, werden wir besser mit ihnen umgehen können.

– Drei Grundsätze der Unterstützung gibt es: um Unterstützung bitten, Unterstützung zumuten und Unterstützung zutrauen.

– Folgende Personen können unterstützen: Großeltern, Freunde der Eltern, Lehrer und andere Betreuungspersonen, Freunde der Kinder, externe Unterstützungspersonen per Mail oder Handy. Die Liste ist erweiterbar.

– Folgende Unterstützerrollen haben wir festgehalten: Unterstützer können als Tröster und Ermutiger, Anbieter von Auszeiten, Mediatoren, Zeugen, Supervisoren und Nachhilfelehrer fungieren. Die Liste ist erweiterbar.

Tipps für die Organisation von Unterstützung:

- Wenn Sie allein nicht weiterkommen, reden Sie mit jemand anderen.
- Bitten Sie andere um Unterstützung.
- Werfen Sie Ihre Bedenken bezüglich der familiären Privatsphäre über Bord.
- Schamerfahrungen müssen nicht zwingend negativ sein. Es gibt auch konstruktive Scham.
- Achten Sie bei Ihren Bitten um Unterstützung auf Freiwilligkeit.
- Um Unterstützung bitten ist Ihre Entscheidung als Erwachsene(r), kein Verhandlungsgegenstand mit dem Kind.

Widerstand oder die Kunst, Alternativen zur Strafe zu entwickeln

Jasmin, 14 Jahre, flippt wieder einmal aus. Wie von Sinnen trommelt sie gegen die Brust der Mutter und tritt ihr gegen die Schienbeine. Der Auslöser ist scheinbar banal. Jasmin hat gegen das vierte Glas Sekt protestiert, das die Mutter an diesem Abend trinken wollte. Ihre Beschwerde hat die Mutter ignoriert.

Da tritt nun der Vater dazwischen und gibt Jasmin eine schallende Ohrfeige. Am Tag darauf folgt die Strafe. Jasmin muss für fünf Tage ihr Handy abgeben und darf, obwohl sie eine begeisterte Skifahrerin ist, nicht zum gemeinsamen Skiwochenende mitfahren. Das Mädchen zuckt nur mit den Achseln, derartige Bestrafungen ist sie schon gewohnt. Immer wenn den Eltern etwas nicht passt, sie zum Beispiel den Müll nicht hinuntergetragen hat oder zu spät vom Garten heraufgekommen ist, setzt es solche Bestrafungen, Schläge jedoch nur ganz selten.

Früher haben die Strafen noch gewirkt. Jasmin bekam Angst. Wenn sie vermeintlich etwas falsch gemacht hatte, wollte sie alles tun, um die Strafe zu vermeiden. Nur sie machte immer wieder etwas falsch. Heute sagt sie trotzig und selbstbewusst: »Ihr könnt mich bestrafen, wie ihr wollt! Ich bin im Recht, ich gebe nicht nach! Ich lasse mir nichts mehr sagen von euch! Ich mache, was ich will! Eure Strafen machen mich nur stärker.« Dies erzählt sie auch ihrer besten Freundin und ihrem Freund, als sie eines Abends wieder länger wegbleibt, ganz offen. Am nächsten Tag fordert sie die Strafe schon richtiggehend ein. »Bestraft mich doch! Ihr könnt mich nicht beugen!«

Die Strafe ist ein altbekanntes, weitverbreitetes Konzept in der Erziehung. Worum geht es dabei? Strafe wird eingesetzt, um Verhalten zu kontrollieren. Die Logik dahinter ist: Wenn ein Kind ein unerwünschtes Verhalten zeigt, dann bekommt es in Reaktion darauf eine negative, unangenehme Konsequenz zu spüren, die eine sogenannte Vermeidungsreaktion auslösen soll. Das Kind oder der Jugendliche soll ein Fehlverhalten aus Angst vor Strafe in Zukunft vermeiden. Das nennt man in der Fachsprache negative Verstärkung. Aber wie wir gerade gesehen haben, haben Strafen oft auch gegenteilige Effekte: ein heroisches Aussitzen der Strafe, eine Verstärkung des Widerstands.

> Strafen, das macht Olgas Mutter nicht mehr. Sie setzt auf positive Verstärkung, um ihre rebellische Tochter zur Vernunft zu bringen, wie sie im Elternkreis berichtet. Für erwünschtes Verhalten von Olga gibt es Belohnungen, etwa einige Euros mehr Taschengeld, eine schicke Bluse oder mehr Fernsehzeit. So will Olgas Mutter Aufgabenverweigerung, unpünktliches Nach-Hause-Kommen oder respektlose Äußerungen dem Vater gegenüber in den Griff bekommen. Olga, die clevere 13-Jährige, hat mehr oder minder bewusst oder unbewusst verschiedene Reaktionen und Verhaltensstrategien auf Lager, wie sie damit umgeht. Zum einen sagt sie: »Ich bin eine eigenständige Person und will unabhängig sein. Durch deine Belohnungen lasse ich mich nicht verführen.« Zum anderen geht sie manchmal zum Schein auf die Angebote ihrer Mutter ein, wenn die Belohnung zu sehr lockt, um sich im nächsten Augenblick doch wieder entgegen der elterlichen Weisungen zu verhalten.

 Auch Belohnungen können unerwartete, unerwünschte Wirkungen haben. Sie können rebellische Aufmüpfigkeit oder Erfindungsreichtum fördern, um Belohnungen zu ergattern und danach trotzdem so weiterzumachen wie bisher.

Erziehungsziele erreichen:
Belohnen, Bestrafen oder Ausdiskutieren?

Warum erfüllt die Belohnungs- und Bestrafungslogik vor allem mit fortschreitendem Alter unserer Kinder ihren Zweck oft nicht? Die Antwort ist einfach: Unsere Kinder haben einen angeborenen Drang nach Selbständigkeit und Unabhängigkeit. Belohnungen und Strafen als Versuch, das Verhalten der Kinder zu regulieren, läuft diesem Selbständigkeitsdrang diametral entgegen. Obwohl Belohnungen und eher wohldosierte Strafen bei kleineren Kindern hilfreich sein können, bei Adoleszenten – das ist unbestritten – führen sie oft zu paradoxen Reaktionen und nicht zum von uns Eltern eigentlich beabsichtigen Wohlverhalten in Schule, Elternhaus und Freundeskreis.

Was nun also tun, welche Alternative wählen, wenn Belohnung und Bestrafung als Erziehungsmittel nicht zum Ziel führen? Eine erste, oft gepriesene Alternative zur Bestrafungs- und Belohnungslogik ist der so genannte kooperative Erziehungsstil, bei dem das gemeinschaftliche Aushandeln im Vordergrund steht.

> Der zehnjährige David schlägt immer wieder seine vierjährige Schwester Veronika, weil er sie einfach hasst, wie er sagt. David verprügelt nach Belieben auch andere Kinder auf dem Spielplatz. Immer wieder kommt es aufgrund dieses gewalttätigen Verhaltens zu Konflikten in der Familie und mit dem Umfeld. Wenn es wieder einmal zu viel wird, setzen sich die Eltern mit ihrem Sohn David in einem sogenannten Familienrat zusammen und diskutierten sein Verhalten. Sie versuchen in bestgemeinter Absicht, David dazu zu bewegen, dieses Verhalten zu unterlassen.

In vielen Erziehungssituationen ist der Versuch, Probleme gemeinschaftlich durch Diskussionen auf Augenhöhe zu lösen, sinnvoll und erfolgreich. Bei gewalttätigen Kindern stößt dieser Ansatz aber schnell an seine Grenzen. Solange wir nur mit unserem Kind reden, wird das beklagte Verhalten nicht gestoppt. Im Gegenteil, die Gewalt behält die Oberhand.

> David weiß das ganz genau. Er liebt es, mit seinen Eltern über sein Verhalten zu diskutieren, und hat schon mancherlei Kniffe gefunden, mit denen er seine Eltern im Gespräch halten kann. Beispielsweise sagt er: »Du beschimpfst Mama auch manchmal und sagst hässliche Worte, Papa.« »Aber Veronika schlägt mich auch manchmal.« David weiß genau, dass nichts gegen die Gewalt unternommen wird, solange der Dialog in Gang bleibt. Die Gespräche haben keine unangenehmen Konsequenzen für ihn.

Viele Kinder lieben genau das: Sie haben Spaß am Diskutieren und Argumentieren, in Streitgesprächen blühen manche regelrecht auf und schlüpfen in die Advokatenrolle. Sie übernehmen mit Begeisterung ihre eigene Verteidigung und wissen meist: Solange geredet wird, passiert nichts.

So wichtig es ist, sich mit seinem Kind auf Augenhöhe auszutauschen und Probleme gemeinsam im Gespräch anzugehen, sollten Sie sich doch darüber im Klaren sein, dass der Dialog als alleiniges Erziehungsmittel nicht geeignet ist, mit Herausforderungen umzugehen. Zu vieles Reden verwässert die notwendige klare Haltung und schwächt die elterliche Präsenz. Es bringt Eltern und Lehrer gar dazu, zeitweise auf ordnende Strukturen zu verzichten oder sie ganz aufzugeben – und das in Situationen, in denen man sie oft am nötigsten braucht.

Fassen wir noch einmal zusammen, welche möglichen Auswirkungen diese drei sehr häufigen Elemente in der Erziehung haben: Bestrafung, Belohnung und Ausdiskutieren.

Bestrafen

Ziel der Strafe ist es, dem Kind, dem Jugendlichen durch eine unangenehme Konsequenz nahezubringen, das unerwünschte Verhalten zu unterlassen. Wenn Strafen wirklich dosiert und maßvoll eingesetzt werden, ist dies legitim und führt oft zum Ziel, gerade bei kleineren Kindern. Die Bestrafungslogik kann jedoch auch problematische Auswirkungen haben.

- Der gegenteilige Effekt tritt ein: Bestrafungen werden heldenhaft ertragen und nicht in Zukunft vermieden. Gerade sehr entschlossene Kinder können eine solche Haltung entwickeln und nur noch mehr darin bestätigt werden, kämpfen zu müssen. Dies birgt eine hohe Eskalationsgefahr in sich.
- Durch Bestrafung kommt es kaum zu einer Verinnerlichung des erwünschten Verhaltens, vielmehr lernt das Kind oft, wie es eine Bestrafung vermeiden kann.
- Bestrafungen wirken dem Selbstständigkeitsstreben des Kindes entgegen.

Belohnen

Belohnen ist ein Versuch, kindliches Verhalten zu beeinflussen, indem man erwünschte Verhaltensweisen an eine Belohnung koppelt. Diese Belohnungen können materieller und sozialer Natur (etwa Lob oder Anerkennung) sein. Obwohl Belohnungen, besonders sozialer Natur, ein wichtiges Erziehungsmittel sind, können auch sie ihr Ziel verfehlen:

- Der gegenteilige Effekt tritt ein: Belohnungen werden als Manipulationsversuch zurückgewiesen: (»ich lasse mich von deinen Belohnungsangeboten nicht verführen«) oder als völlig selbstverständlich angesehen (»das steht mir zu«).
- Nicht immer ist mit der Belohnung eine Verhaltensänderung verbunden, vielmehr wird taktiert und verhandelt: Kinder und Jugendliche gehen zum Schein auf Angebote ein und entwickeln Tarnungs- und Täuschungsmanöver, um die Belohnung zu ergattern (»das verpflichtet mich zu nichts, da kann ich noch etwas herausholen«).
- Belohnungen wirken dem Selbstständigkeitsstreben des Kindes entgegen.

Diskutieren und Aushandeln

Der kooperative Erziehungsstil hat zum Ziel, alle Probleme und Konflikte durch gemeinsame Diskussionen zu lösen – und zwar ausschließlich dadurch. So sinnvoll Familiengespräche auf Augenhöhe in vielen Fällen auch sein mögen, kann diese Herangehensweise nicht immer das Mittel der Wahl sein:

- Die Schadensvermeidung gerät ins Hintertreffen, Normen und Regeln werden vernachlässigt.
- Gewalttätigkeit wird durch Diskutieren verharmlost.
- Solange Eltern reden, werden sie nichts unternehmen. Das nutzen viele, vor allem gewalttätige, Kinder aus.
- Es wird aus Spaß am Diskutieren diskutiert. Dabei wird die Tatsache übersehen, dass manche Konflikte durch Reden nicht gelöst werden können, sondern dass dies das unerwünschte Verhalten sogar verstärkt.
- Dialoge ermüden und nicht selten werden Erziehungspersonen durch die Zähigkeit und Hartnäckigkeit der diskutierenden Sprösslinge aufgerieben.

Bevor wir nun weiter nach möglichen Alternativen zu Strafe, Belohnung und Diskussion suchen, möchten wir noch auf das Bedürfnis vieler Eltern eingehen, ihr Kind von der Sinnhaftigkeit der Maßnahmen überzeugen zu wollen und auf Verständnis zu setzen.

> Die 16-jährige Melanie tanzt ihren Eltern regelrecht auf der Nase herum. Tagelang bleibt das Adoptivkind bei ihrem Freund, ohne den Eltern, die beide Universitätsprofessoren sind, etwas zu sagen. Vorschläge, diesem Verhalten von Melanie klar entgegenzutreten, betrachten die Eltern mit Skepsis. Sie sind der Meinung: »Wenn wir sie nicht überzeugen können, wird alles nur noch schlimmer.«

So schön die Vorstellung ist, unsere Kinder für unsere Maßnahmen zu gewinnen, und so sinnvoll dies manchmal auch sein mag: Daraus kann keine Ausschließlichkeit erwachsen. Die Einzigen, die in schwierigen Erziehungssituationen von den beschlossenen Maßnahmen überzeugt sein müssen, sind Sie als Eltern. Unsere Beweggründe und Handlungen leuchten unseren Kindern oft gar nicht ein, nicht in diesem Moment und manchmal nie. Das ändert nichts daran, dass wir unsere elterliche Pflicht wahrnehmen müssen.

Die Alternative: Elterlicher Widerstand gegen destruktives und gefährliches Verhalten

Gustav, der gutaussehende, intelligente 14-Jährige, treibt es bunt und macht, was er will. Die Mädchen schwärmen für ihn. Gustav hält es nicht mehr für nötig, seinen Eltern zu sagen, wann er geht und wann er wiederkommt. Wenn sie versuchen, ihn zur Rede zu stellen, gibt er freche Antworten. Auch Oma, bei der Gustav immer so gern war, wird mit coolen Bemerkungen abgespeist.

Eines Tages kommt Gustav von Freitagabend bis Sonntagmittag nicht nach Hause. Zu seiner Überraschung schimpfen die Eltern jedoch gar nicht. Sie beginnen stattdessen, die Freunde von Gustav und deren Eltern zu kontaktieren und sich mit ihnen zu vernetzen und auszutauschen. Gustav bekommt dies mit, auch, dass manche Freunde ihre Telefonnummern bereitwillig herausgeben. Er fährt seine Eltern an: »Das wird euch gar nichts nutzen, ihr werdet sehen. Ich bleibe einfach vier Tage auf einmal weg!« Darauf antworten Gustavs Eltern: »Ja, das mag vielleicht nicht helfen, aber wir können dich nicht einfach aufgeben. Du bist uns zu wichtig!« Außerdem schreiben sie Gustav einen Brief, dass das alles nicht so weitergehen kann. Eines Tages sitzen sie plötzlich in seinem Zimmer – und sagen nichts. Gustav ist hell empört. Nie wird er sich fügen, kündigt er an, aber die Lage beginnt sich nach und nach zu entspannen. Nach zwei, drei Wochen bleibt Gustav nicht mehr so lange weg und sagt immer öfter, wo er hingeht. Es ergeben sich plötzlich auch erfreuliche Gespräche mit seinen Eltern. Das Problem ist zwar noch nicht ganz gelöst, aber Gustavs Eltern müssen sich nun weniger Sorgen um ihren Sohn machen und auch die schönen Momente im Familienleben nehmen wieder zu.

Das, was hier beschrieben wurde, ist elterlicher Widerstand gegen kindliches Fehlverhalten. Elterlicher Widerstand lässt sich so definieren: »Wir nehmen dein Verhalten nicht hin und unternehmen alles in unserer Macht Stehende, um es zu stoppen.«

Elterlicher Widerstand ist nicht nur dann von Bedeutung, wenn er unmittelbar zur Verhaltensänderung beim Kind führt. Der Wert des elterlichen Widerstandes hängt auch nicht von der Reaktion des Kindes ab. Es ist eine Verhaltensweise, für die sich allein die Eltern entscheiden und die nicht von den Kindern und Jugendlichen für ungültig erklärt werden kann. Wenn das Kind sagt: »Das wird überhaupt nichts helfen! Ich mache weiter so!«, können die Eltern antworten: »Vielleicht. Aber ist es unsere Pflicht, Stellung zu beziehen! Wir geben dich nicht auf.« Die Botschaft an das Kind ist: Wir Eltern entscheiden uns dafür, *wir* positionieren uns und lassen uns nicht abschütteln. Durch Ihre Entschlossenheit und klare Positionierung gewinnen Sie als Eltern an Präsenz und Gewicht. Sie werden wieder zu wichtigen Faktoren im Leben Ihres Kindes.

Wie lässt sich nun das Widerstandskonzept in der Erziehung von Kindern charakterisieren?

– Widerstand hat nicht die Kontrolle des Kindes zum Ziel. Er ist nicht von der Reaktion des Kindes abhängig.
– Widerstand ist eine eigenständige Haltung der Eltern, die sie ohne Einverständnis ihrer Kinder einnehmen können und sollen.
– Widerstand ist für Eltern vor allem dazu da, sich selbst klar zu positionieren und ihre Überzeugung dem Kind gegenüber entschieden zu vertreten.
– Widerstand ist gewaltlos und beharrlich. Die eigene Position wird aufrechterhalten, auch gegen heftige Proteste seitens des Kindes.
– Widerstand und eine gute Eltern-Kind-Beziehung schließen sich nicht aus, sondern sind eng miteinander verknüpft.
– Widerstand ist ein positives Paradoxon: »Ich bin mit aller Beharrlichkeit gegen etwas, was du tust. Trotzdem wird meine Nähe zu dir größer, weil ich dich als Person achte.«

- Widerstand fördert die Entwicklung des Kindes. Ein Nachgeben oder Besiegen des Kindes ist nicht erforderlich.
- Das Leisten von Widerstand, durchaus mit Unterstützung von anderen, stärkt Eltern in ihrer Souveränität.
- Gewaltloser Widerstand deeskaliert.
- Eltern, die gewaltlosen Widerstand üben, werden zu einem Anker für ihre Kinder.

Formen des Widerstands

Eltern belächeln das Konzept des Widerstands am Anfang oft: »Was soll das nützen? Da wird die Konsequenz abgeschafft. Man sollte also nur noch nachgiebig gegenüber seinem Kind sein? Das bringt doch gar nichts.« Im Gegenteil! Gewaltloser Widerstand führt dazu, dass Sie als Eltern gestärkt und von Ihren Kindern als konsequent wahrgenommen werden. Der zähe und beharrliche elterliche Widerstand ist ein unumgänglicher erzieherischer Faktor und führt in den meisten Fällen zum Erfolg. Untersuchungen zeigen ganz deutlich: Beziehen Eltern klar Position und legen sich auf den gewaltlosen Widerstand fest, kommt es zu einer starken Verminderung des Problemverhaltens des Kindes.

Ganz neue Möglichkeiten und Erfahrungsräume eröffnen sich, wenn Eltern entdecken, dass sie sich von der kontrollierenden Haltung verabschieden und sie durch eine Haltung des Widerstandsleistens ersetzen können. Es gibt mehrere Formen des Widerstands: die Ankündigung, den Sitzstreik und die Schaffung von Öffentlichkeit und Transparenz. Diese werden im Folgenden veranschaulicht.

Die Ankündigung

Die Ankündigung ist sehr oft die erste Form des elterlichen Widerstands. Bei der Ankündigung beziehen die Eltern unmissverständlich Position: Sie kündigen an, dass es so nicht weitergehen kann und dass sie gegen das problematische Verhalten Widerstand leisten werden. Die Ankündigung ist oft ein grundlegender Wendepunkt im Erziehungsverhalten der Eltern. Im Grunde kommt es genau auf diese Veränderung an: Der Übergang von der Kontrollmentalität zur Widerstandsmentalität ist entscheidend. Eltern hören auf zu klagen, zu schimpfen oder zu drohen und konzentrieren sich auf unmissverständliche Botschaften.

Charakteristisch für mündliche und schriftliche Ankündigungen sind:

- Ankündigungen werden in der Wir-Sprache formuliert, sie sind keine Du-Botschaften. Sagen Sie in diesem Sinne nicht: »Du machst so nicht weiter«, sondern: »Wir werden dieses Verhalten nicht mehr akzeptieren. Wir leisten Widerstand dagegen.«

- Die Ankündigung wird nicht in der Hoffnung durchgeführt, dass sich das Kind danach einfach fügen wird, sondern die Ankündigung wird eingesetzt, um Ihnen als Eltern den Rücken zu stärken und Ihrem Kind gleichzeitig zu vermitteln, dass es Ihnen wichtig ist und Sie auf es und die Beziehung zu ihm nicht verzichten werden. Genau deshalb werden Sie sein Fehlverhalten nicht länger dulden.

- Die Ankündigung ist auch kein Vertrag mit dem Kind, den es akzeptieren oder unterschreiben muss, damit er seine Gültigkeit erhält. Die Ankündigung erfolgt einseitig: »Wir kündigen dir an, was wir unternehmen werden. Unsere Beschlüsse sind kein Verhandlungsgegenstand zwischen uns Eltern und dir als Kind.«

- Die Ankündigung ist ein Übergangsritual zwischen dem, was war, und dem, was von nun an sein wird. Das Wohl und Wehe dieser Maßnahme hängt nicht davon ab, ob die Kinder die Ankündigung sofort akzeptieren. Manchmal zerreißt das Kind Ihren Zettel auch. Dann sagen Sie: »Die Ankündigung ist allein unsere Sache. Wir tun dies, weil wir nicht einfach hinter deinem Rücken agieren, sondern unsere Karten auf den Tisch legen wollen. Wir sagen dir klipp und klar, wie wir vorgehen werden!«

- Der Erfolg der Ankündigung hängt nicht von der Reaktion des Kindes ab, sondern einzig und allein von der entschlossenen Haltung der Eltern.

Wie wird eine Ankündigung vorbereitet und durchgeführt? Wichtig ist zunächst, dass beide Eltern die Ankündigung möglichst gemeinsam planen. Eine Ankündigung wird immer schriftlich verfasst und in Briefform überreicht. Auch dann, wenn das Kind den Inhalt der Ankündigung vielleicht nicht auf Anhieb verstehen kann. Warum? Die Ankündigung ist, wie wir gehört haben, eine einseitige Aktion der Eltern. Sie dient vor allem dazu, dass diese ihre Position gemeinsam in Schriftform klar darlegen. Das verleiht Ihrer Botschaft Kraft. Eltern meinen manchmal, sich schriftlich zu äußern, wirke allzu aufgesetzt und entspräche nicht ihrem Stil. Es kommt jedoch gerade auf diesen äußerlichen Rahmen an: Wir wollen dem Kind zeigen, dass von nun an alles anders wird. Nichts demonstriert diesen Übergang besser als ein förmliches Ritual.

Ein Ankündigungsbrief kann folgendermaßen aussehen:

»Lieber Moritz,

wir sind deine Eltern, wir werden immer für dich da sein und wir lieben dich sehr. Aber die folgenden Verhaltensweisen werden wir nicht mehr akzeptieren … (fügen Sie hier maximal drei Verhaltensweisen ein, die Ihnen sehr große Sorgen bereiten). Wir werden dagegen Widerstand leisten. Wir können dich nicht zwingen, da du allein dein Denken und Handeln kontrollierst. Aber wir werden entschlossen dagegenhalten und dabei nicht allein bleiben. Wir werden uns Hilfe holen, wann und in welchen Situationen wir es für richtig halten. In Liebe, deine Eltern.«

Das Schreiben der Ankündigung gibt Ihnen als Eltern zusätzlich die Sicherheit: »Ich bin ein Anker für dich und lasse mich davon nicht von dir abbringen.«

Wie wird die Ankündigung nun übergeben? Es versteht sich von selbst, dass konfliktgeladene Situationen, in denen die Gemüter erhitzt sind, nicht der richtige Moment sind. Am besten ist es, Sie vereinbaren mit Ihrem Kind einen Termin und kündigen ihm an, dass Sie ihm einen Brief übergeben wollen. Manchmal kann bereits das zu Spannungen führen. Hat sich die Situation wieder beruhigt, tragen Sie Ihrem Kind den Briefinhalt vor. Lesen Sie den Text langsam und deutlich vor, achten Sie jedoch darauf, dass Ihre Stimme nicht bedrohlich klingt.

Nach der Ankündigung verabschieden Sie sich von Ihrem Kind und gehen zum normalen Tagesablauf über. Sehr sinnvoll ist es in der nächsten Zeit, Ihr Kind mit kleinen Nettigkeiten zu überraschen. Auf diese Weise zeigen Sie, dass kein Kriegszustand zwischen Ihnen herrscht.

Manchmal kann es passieren, dass Ihre Kinder die Ankündigung so gar nicht ernst nehmen, Sie auslachen oder Ihren mühsam geschriebenen Brief zerreißen. Deshalb ist es wichtig, dass Sie immer eine zweite Ausfertigung in Reserve haben und auf solche Aktionen etwa so reagieren: »Kein Problem. Die Ankündigung ist ja unsere Sache. Wir haben sie dir gegeben, weil wir nichts hinterrücks unternehmen wollen, sondern offen sagen möchten, um was es uns geht. Wenn du sie jetzt nicht hören willst, es gibt eine Kopie und die wird am Kühlschrank hängen. Wenn du willst, kannst du sie später lesen, wenn nicht, macht es auch nichts. Es liegt ja nun in unserer Hand, wahrzumachen, was wir angekündigt haben.« Manchmal läuft Ihr Kind vielleicht mitten in der Ankündigung weg. Dann verzögern Sie Ihre Reaktion, laufen nicht gleich hinterher und holen eventuell jemanden zu Hilfe. Wenn sich das Kind in seinem Zimmer verbarrikadiert hat, schieben Sie die Ankündigung einfach durch den Türschlitz.

Manchmal wird Sie Ihr Kind auch nach dem Sinn dieser Aktion fragen. Lassen Sie den Gesprächsfaden nicht reißen und bleiben Sie in Kontakt mit Ihrem Kind. Wiederholen Sie, was in der Ankündigung steht: nämlich, dass Sie Ihren Widerstand gegen dieses oder jenes Verhalten zum Ausdruck bringen wollen und dass Sie überzeugt sind, dass Ihr Kind Ideen hat, wie es diese vertrackte Situation lösen kann. Spielen Sie also den Ball wieder zu Ihrem Kind und harren Sie zugewandt und gelassen der Dinge, die kommen werden.

Der Sitzstreik und das entschiedene
»Ich bin da!« der Eltern

Der Sitzstreik, er wurde zu Beginn des Buches bereits eingeführt, ist ein Ausdruck geballter Präsenz. Kommt es bei Kindern und Jugendlichen zu einem Fehlverhalten außerordentlicher Tragweite, ist diese Widerstandsform angesagt. Sie ist eine Handlungsoption, wenn sich das in der Ankündigung beschriebene Verhalten verschlimmert oder besonders gravierende Grenzverletzungen auftreten. Der Sitzstreik hat seine Wurzeln in der gewaltlosen politischen Widerstandsbewegung. Mahatma Gandhi verwendete ihn, um gegen die britische Kolonialherrschaft zu protestieren. Die schwarze Bevölkerung der amerikanischen Südstaaten unter Martin Luther King setzte ihn ein, um auf ihre Diskriminierung aufmerksam zu machen.

Wie funktioniert nun solch ein Sitzstreik? Zunächst: Greifen Sie nicht während einer heftigen Auseinandersetzung mit dem Kind zu diesem Mittel, der Sitzstreik bedarf der Vorbereitung und eines ruhigen Moments. Wenn es soweit ist, begeben Sie, die Eltern, sich auf das Territorium des Kindes oder des Jugendlichen, also in sein Zimmer. Nehmen Sie sich bei Bedarf eine dritte Person als Unterstützung mit, vor allem, wenn Sie mit heftigen Reaktionen rechnen. Setzen Sie sich so hin, dass das Kind das Zimmer nicht ohne Weiteres verlassen kann, ohne es allerdings jemals anzugreifen oder es mit Gewalt daran zu hindern. Sagen Sie dann mit ruhiger Stimme: »Wir sitzen hier, weil wir dein Verhalten (Verhalten benennen) nicht akzeptieren. Wir warten auf deine Vorschläge, wie das Problem zu lösen ist. Lass uns bitte deine Ideen hören.« Daraufhin schweigen Sie.

Ein Sitzstreik dauert normalerweise eine halbe Stunde und ist vor allem dadurch gekennzeichnet, dass die Erwachsenen bis auf den einleitenden Erklärungssatz kein Wort sagen, auch wenn das Kind sehr viel spricht. Dafür ist, wie Sie sich vorstellen können, eine gehörige Portion Disziplin und Selbstkontrolle erforderlich. Dies zahlt sich aber aus, wie Sie sofort danach bemerken werden. Der Sitzstreik ist nämlich eine ungemein deutliche Botschaft und stärkt Sie außerordentlich.

Gerade deshalb, weil er so aufwändig ist und er Ihnen jede Menge Energie und Nerven wie Drahtseile abverlangt, sollte ein Sitzstreik gut vorbereitet werden. Bitte gehen Sie bei einem Sitzstreik nicht auf Fragen Ihres Kindes oder Jugendlichen ein. Sie können allerhöchstens sagen: »Du hast uns richtig verstanden. Wir warten auf deine Lösungsvorschläge.« Diese sehr kurze Antwort stärkt Ihre Souveränität.

Bei einem Sitzstreik ist es wie bereits angeführt oft günstig, eine dritte Person dabei zu haben. Dies kann die Großmutter oder der Großvater oder ein anderer Vertrauter des Kindes sein. Ihre Unterstützer warten außerhalb des Sitzstreikareals. Sollte das Kind tatsächlich davonlaufen wollen, was sehr selten passiert, verwickelt diese Person das Kind in ein Gespräch und bittet es, wieder ins Zimmer zurückzukehren. Wird das Kind gewalttätig, laden Sie diese dritte Person ins Zimmer ein, damit sie Zeugin des Geschehens wird.

Unterbreitet Ihr Kind nun während des Sitzstreiks Vorschläge, die Ihnen als Eltern annehmbar erscheinen, beenden Sie den Sitzstreik mit den Worten: »Wir danken dir für deine Vorschläge. Wir ziehen uns jetzt zurück, um zu überlegen, wie wir weiter vorgehen. Wir geben deinen Ideen eine Chance.« Hat das Kind keinen Vorschlag, wird der Sitzstreik nach der vorgesehenen Zeit beendet und Sie verabschieden sich von dem Kind mit den Worten: »Wir haben von dir noch keinen Vorschlag gehört, wir gehen nun. Wir bleiben dran und kommen auf unser Anliegen zurück.«

Nach dem Sitzstreik gehen Sie bitte zum Alltag über. Auf die Fragen des Kindes oder Jugendlichen, was diese Aktion eigentlich bewirken sollte, antworten Sie immer wieder: »Wir nehmen dein Verhalten nicht hin. Wir werden weiterhin Widerstand leisten.«

Nochmals: Wenn das Kind beim Sitzstreik den Raum verlassen will, hindern Sie es nie mit Gewalt daran. Erschweren Sie es ihm nur, indem Sie möglichweise vor der Tür sitzen. Lassen Sie das Kind jedoch gehen, bleiben Sie trotzdem die zuvor eingeplante Zeit sitzen. Damit zeigen Sie Ihrem Kind, dass Sie, unabhängig von seiner Reaktion, präsent bleiben. Eine gute Idee ist es auch, Ihrem Kind eine Botschaft zu hinterlassen. Das kann ein kleines Briefchen sein, das Sie auf eine bestimmte Weise platzieren. So vermitteln Sie Ihrem Kind: »Wir waren da!« Verlassen Sie das Zimmer wie gesagt erst dann, wenn der Sitzstreik zu Ende ist, nicht schon dann, wenn Ihr Kind geht. Sie entscheiden, wann der Sitzstreik beginnt und wann er endet. Dies unterstreicht Ihre Souveränität. Auch Ihr Kind wird das bemerken. Wenn Ihr Kind auf Sie einschlägt, dürfen Sie sich natürlich schützen. Werden Sie aber nie handgreiflich.

Die verkürzte Form des Sitzstreiks nennen wir Silent Message Sending (SMS). Sie dauert in etwa fünfzehn Minuten und kann ebenfalls zu Hause, vor allem aber in der Schule und anderen Einrichtungen, die das Kind besucht, angewendet werden. Ansonsten ist der Ablauf identisch.

Der zwölfjährige Georg droht am Nachmittag in der Schule beim Fußballspielen ausländischen Mitschülern. Er sagt, sie sollen dort hin verschwinden, wo sie hergekommen sind. Außerdem beschimpft er eine Mitschülerin. Am SMS nehmen Mutter und Vater – die Eltern sind getrennt –, die Direktorin, der Klassenvorstand und die Nachmittagsbetreuungslehrerin teil. Sie holen Georg in den Besprechungsraum und die Nachmittagsbetreuungslehrerin erklärt mit ruhiger Stimme: »Georg, wir sind da, um gegen dein Verhalten, mit dem du andere Schüler beleidigst und abwertest, zu protestieren. Wir warten nun auf deine Vorschläge, wie sich das ändern kann.« Dann schweigen die Eltern, die Direktorin und die Lehrerinnen. Georg wendet sich nach dreißig Sekunden an seine Mutter: »Dass du da bist, wundert mich nicht! Du hast dich von deinem Psychologen aufhetzen lassen, schäm dich!« Schweigen. Nach einer Minute, dreißig Sekunden: »Warum sitzen Sie da, Frau Direktor, haben Sie nichts Besseres zu tun?« Schweigen. Nach zwei Minuten, fünfzig Sekunden zum Klassenvorstand: »Frau Klein, ich habe immer geglaubt, ich könnte mich auf Sie verlassen, aber das Gegenteil scheint wohl der Fall zu sein. Sie sind auch gegen mich.« Schweigen. Nach sechs Minuten zu seinem Vater: »Dass Mutter da ist,

ist verständlich, die ist ihrem Psychologen hörig, aber dass du da bist, enttäuscht mich außerordentlich. Von dir hätte ich das nicht erwartet!« Schweigen. Nach neun Minuten zur Nachmittagsbetreuungslehrerin: »Was soll der Blödsinn eigentlich? Das haben sicher Sie eingefädelt. Können Sie nicht dafür sorgen, dass das aufhört?!« Schweigen. Nach dreizehn Minuten, fünfzig Sekunden: »Frau Professorin, ich möchte mich bitte von Ludwig und Joseph (bekannte Störenfriede in der Klasse, in die auch Georg geht) wegsetzen. Darf ich das?« Schweigen. Nach fünfzehn Minuten beendet die Nachmittagsbetreuungslehrerin das SMS mit den Worten: »Danke für deine Vorschläge, Georg. Der Sitzstreik ist nun vorbei. Wir bleiben bei unserer Haltung und werden uns weitere Schritte überlegen. Du wirst von uns hören. Alles Liebe.«

Der Sitzstreik ist eine sehr klare und entschlossene Form der Präsenz und des elterlichen Widerstands.

Transparenz und Öffentlichkeit schaffen

Die dritte Widerstandsform, die wir hier beschreiben möchten, ist das Schaffen von Öffentlichkeit und Transparenz.

Henri verhält sich, wie schon berichtet, äußerst rücksichtslos und beleidigend gegenüber seinen Eltern. Mittlerweile ist dies auch schon der Fall, wenn der ihn betreuende Psychologe zugegen ist. Die Eltern beschließen, das Problem öffentlich zu machen, indem sie ihre Unterstützer informieren und sie um Hilfe bitten. Die Eltern stellen fest, dass das Verhalten von Henri merklich erträglicher wird, wenn der Nachbar oder die Oma vorbeikommt, und das, obwohl sie gar nichts sagen.

Gewalttätiges, destruktives, abwertendes Verhalten nimmt immer dann deutlich ab, wenn es öffentlich gemacht wird und ihm ein organisiertes Netzwerk von Unterstützern entgegensteht. Das Schaffen von Transparenz ist eine effektive, sehr elegante Form des Widerstands, die nachhaltig stärkt. Warum sollten wir als Eltern allein bleiben? Warum Dinge verheimlichen? Warum nicht das Schweigen brechen und so gemeinsam vorgehen zu können und eine Lösung für ernsthafte Familienprobleme zu finden?

Das Entscheidende bei allen transparenzfördernden Maßnahmen ist und bleibt: Wir tun dies nicht, um unser Kind einzukreisen, es zu demütigen oder bloßzustellen, sondern wir tun dies, um uns zu positionieren, um uns Unterstützung zu holen und um klarzustellen, dass wir mit diesem Verhalten nicht einverstanden sind.

Transparenz kann auf verschiedene Weisen geschaffen werden. Eine Form ist der *wechselseitige Austausch:* Sprechen Sie zum Beispiel mit den Lehrern in der Schule über das Verhalten Ihres Kindes, darüber, welche Beobachtungen sie gemacht haben. Teilen Sie Betreuungspersonen im Gegenzug mit, was Ihnen zu Hause an Ihrem Kind auffällt. Und lassen Sie Ihr Kind vom Austausch mit den Lehrern wissen. Transparenz wird nicht unterrücks, sondern für alle nachvollziehbar hergestellt!

Auch das Durchführen einer *Telefonkette* ist sehr effektiv: Sammeln Sie geduldig Telefonnummern von Bekannten und Freunden Ihres Kindes und deren Eltern. Sie brauchen dafür keine Erlaubnis, auch wenn Ihr Kind sagt: »Das ist unfair, ich lasse mich nicht auf diese Weise überwachen!« Sie können darauf antworten: »Ja, wir glauben, dass dich das stört, aber wir tun nur unsere Pflicht. Wir können und wollen dich nicht einfach aufgeben.« Auch Freunde Ihres Kindes verraten Ihnen in aller Regel ihre Telefonnummern bereitwillig, um Sie zu unterstützen. Recherchieren Sie außerdem Telefonnummern von Einrichtungen und Orten, wo sich Ihr Kind gern aufhält.

Wie gehen Sie nun vor? Nehmen wir an, Ihr Kind verlässt abends unerlaubterweise das Haus, obwohl Sie ihm verboten haben, auszugehen. »Du kannst mich nicht aufhalten. Dein Verbot wird nichts ändern, ich tue, was ich will!«, so seine Worte, wenn es überhaupt etwas sagt, bevor es geht. Fällt die Tür hinter Ihrem Kind ins Schloss, greifen Sie in aller Ruhe zu Ihrer Telefonliste und rufen eine Reihe von Leuten an, von denen Sie glauben, dass Ihr Kind dort auftauchen bzw. sich aufhalten wird. Teilen Sie ihnen mit, dass Ihr Sohn, Ihre Tochter sich unerlaubt entfernt hat, und bitten Sie diese Menschen, Ihrem Kind zu sagen, dass Sie gern möchten, dass es nun nach Hause kommt.

Eine sehr wirksame Form des Widerstands im Rahmen der Präsenz ist außerdem das *Nachgehen und Aufsuchen*. Gehen Sie am besten nicht allein, sondern begleitet von Ihrem Ehepartner oder Freunden dorthin, wo Sie vermuten, dass das Kind sich aufhält. Betreten Sie dann diese Lokalität, so dass Ihr Kind sieht, dass Sie da sind. Warten Sie einfach ab und brechen Sie keinesfalls einen Streit vom Zaun. Wenn der Moment günstig ist, können Sie in aller Ruhe sagen: »Komm, wir fahren jetzt nach Hause!« Wenn sich keine Gelegenheit ergibt, bleiben Sie einfach da, wo Sie sind. Falls das Kind wegläuft, rennen Sie ihm nicht hinterher, sondern verlassen Sie Ihren Posten erst einmal nicht. Versuchen Sie ein Gespräch mit den Freunden Ihres Kindes zu beginnen, die dageblieben sind. Bitten Sie wiederum höflich um deren Namen und Telefonnummer, falls Sie sie noch nicht haben. Das ist eine sehr wirksame Demonstration von Präsenz, und am Ende haben Sie möglicherweise auch noch ein paar wertvolle Unterstützer aus dem Kreis der Jugendlichen dazugewonnen.

Maßnahmen zur Förderung der Transparenz stärken Ihre Präsenz nachhaltig. Sie sind mit Ihrem Problem nicht länger allein. Diese Botschaft kommt auch bei Ihren Sprösslingen an. Das Öffentlichmachen führt dazu, dass Ihre Kinder sich zunehmend besser kontrollieren können und Eigenverantwortung übernehmen.

Zusammenfassung

In diesem Kapitel haben wir Bestrafung und Belohnung als kontrollierende Erziehungsmaßnahmen kennengelernt und dargestellt, dass sie unbeabsichtigt auch paradoxe Auswirkungen haben können. Zugleich haben wir unter die Lupe genommen, wie alternative Versuche wirken, stets alles mit dem Kind ausdiskutieren, einen Vertrag mit ihm eingehen und sein Einverständnis erzielen zu wollen. Wir haben festgestellt, dass Eltern ihre Erziehungsziele dadurch oft nicht erreichen und sich die Situation manchmal sogar verschlimmern kann. Wir wollen keinesfalls in Abrede stellen, dass eine kooperative Haltung und die Abstimmung mit dem Kind oft äußerst sinnvoll sind. Es ist auch nicht zu bezweifeln, dass sich wohldosierte und angemessene Belohnungen bzw. Bestrafungen in der gewünschten Weise auswirken können. Zu bedenken ist jedoch trotzdem, dass Bestrafung tendenziell ein Verhalten fördert, das Bestrafung zu vermeiden sucht, und Belohnung tendenziell ein Verhalten fördert, das auf noch mehr Belohnung ausgerichtet ist. Präsenz und Widerstand hingegen können mehr als nur diese Wirkung erzielen. Sie setzen auf eine förderliche Entwicklung der Kinder – durch klare Botschaften und Beharrlichkeit.

Wir haben den gewaltlosen Widerstand als Widerstand der Eltern gegen das Fehlverhalten ihrer Kinder dargestellt, in dessen Mittelpunkt nicht die Kontrolle des Kindes, sondern die Stärkung der Eltern steht.

Wir haben verschiedene Charakteristika des Widerstands aufgezählt, unter anderem Deeskalation und Selbstkontrolle, das Einnehmen einer klaren Haltung bei der gleichzeitigen Wahrung einer guten Eltern-Kind-Beziehung sowie die Förderung eines konstruktiven, emphatischen Dialogs.

Wir haben danach drei Formen des Widerstands näher vorgestellt: die Ankündigung, den Sitzstreik und Maßnahmen zur Förderung von Öffentlichkeit und Transparenz.

Tipps für ein erfolgreiches Widerstandleisten:

- Bitte vergegenwärtigen Sie sich stets aufs Neue, dass es beim Widerstandleisten nicht darum geht, den anderen zu erniedrigen oder zu besiegen.
- Konzentrieren Sie sich immer wieder darauf, dass Widerstandleisten vor allem bedeutet, dass Sie Ihre Position klar und unmissverständlich vertreten und bei Ihrer Linie bleiben.
- Vergessen Sie nie: Das Einverständnis des Kindes ist keine Voraussetzung für das Widerstandleisten. Dies ist allein Ihre Entscheidung.
- Verlieren Sie beim Widerstandleisten nie die Beziehung zu Ihrem Kind aus den Augen. Klare Botschaften und Zugewandtheit schließen sich nicht aus.
- Leisten Sie nach Möglichkeit nicht allein Widerstand. Das Stärkende ist das Wir.
- Leisten Sie Widerstand nicht unüberlegt, bereiten Sie sich auf Widerstandsaktionen gründlich und in Ruhe vor.
- Behalten Sie in turbulenten Momenten im Kopf, dass Widerstand zwar kräftezehrend und herausfordernd sein kann, Sie aber zugleich ungemein stärkt.
- Wenn Sie Widerstand leisten, seien Sie großzügig mit Gesten der Versöhnung und tun Sie Ihrem Kind (und sich) öfter einmal etwas Gutes. Bedrohen Sie das Kind nicht, sondern führen Sie Ihre Widerstandsakte einfach unbeirrt durch.

- Ihr Widerstandsprogramm muss nicht gleich perfekt laufen. Sie werden jedoch schnell merken, dass sich kleine Erfolge einstellen und sich Ihre Haltung, das Kind kontrollieren zu wollen, in eine Haltung des Widerstands und der Präsenz verwandelt.
- Widerstand leisten bedeutet, dass Sie zu einem sehr wirkungsvollen Anker werden.

Alles wird gut oder die Kunst der Wiedergutmachung

Dejan, 13 Jahre, hat in der Schulpause einen Mitschüler mit einer Kastanie so heftig am Kopf getroffen, dass dieser einen großen blauen Fleck davongetragen hat. Die Lehrerschaft ist empört, die Mutter verzweifelt: Schon wieder war Dejan aggressiv. Strafe muss sein und so suspendiert die Direktorin Dejan vorsorglich vier Tage von der Schule, doch leider wird der Suspendierung von der obersten Schulbehörde nicht stattgegeben. Der Werklehrer hat die rettende Idee: Dejan soll Wiedergutmachung leisten. Eine einfache Entschuldigung reicht dieses Mal nicht, damit ist Dejan immer schnell bei der Hand. Dejan ist jedoch bereit, den Schaden mit Hilfe seiner Mutter, seines Erziehungshelfers und seines Lehrers wiedergutzumachen. Fortan hilft er, ein geschickter Handwerker und Bastler, seinem Schulkameraden, den er getroffen hat, im Werkunterricht. Dejan weitet sein Angebot aus und unterstützt bis zum Ende des Schuljahres auch alle anderen Schüler beim Fertigstellen ihrer Werkstücke. Dejan ist stolz darauf, »endlich einmal etwas Vernünftiges zu machen«. Die Aggression hat Pause.

Annika, viereinhalb Jahre, hat im Kindergarten wieder einmal um sich gebissen. Dieses Mal hat Mark ihre Zähne zu spüren bekommen, dessen Eltern sind fuchsteufelswild. Aber alle wissen: Schimpfen und ein Ausschluss aus Spielrunden helfen bei Annika rein gar nichts. Strafen scheinen an ihr abzuprallen. Eine Woche später bringt Annika für die ganze Gruppe eine Zeichnung mit, entschuldigt sich und hat noch dazu ein Tablett voll Kuchen dabei, welchen sie mit ihrer Mutter gebacken hat. Schritt für Schritt wird Annika wieder zu dem lärmenden und fröhlichen Kind, das so gut in die Kindergartengruppe passt.

Wiedergutmachung lässt sich wunderbar mit gewaltlosem Widerstand verbinden. Wie wir im letzten Kapitel gesehen haben, lässt der gewaltlose Widerstand Kinder nicht als Besiegte zurück. Vielmehr fördert er die Fähigkeit zur Selbstkontrolle und stärkt unsere Selbstverankerung. Wir schlagen nicht gleich zurück, sondern beharren auf unserer Position und warten ab. Das lässt uns schwierige Erziehungssituationen besser meistern. Wir Eltern werden präsenter. Wir begreifen einseitige Maßnahmen nicht als abwertende Strafe, sondern als Akt wachsamer Sorge. Unsere Kinder sind uns nicht egal. Wir tun unsere Pflicht. Eine solche Selbstverankerung gelingt uns aber nur, wenn wir ruhig, gelassen und anderen und uns selbst gegenüber wohlgesonnen sind. Wenn wir das schaffen, hat Feindseligkeit keine Chance. Neue, konstruktive Begegnungen werden möglich und der Boden für Wiedergutmachung wird bereitet.

Bevor wir dazu kommen, wollen wir noch auf ein ganz wichtiges Element des gewaltlosen Widerstands, und vor allem des Sitzstreiks, aufmerksam machen. Der Sitzstreik lehrt uns zu schweigen und abzuwarten, nicht einfach loszulegen, auf das Kind einzureden und es zu bedrängen. Das zeugt von Respekt und verhindert, dass sich das Kind provoziert fühlt.

In solchen Situationen passiert oft etwas ganz Erstaunliches: Die positiven Stimmen in unserem Kind kommen zu Wort. Denn in jedem Kind, mag es uns gerade auch noch so viel Sorgen bereiten, gibt es keinesfalls nur Stimmen der Gewalt, der Destruktion und des Verweigerns. Sie haben vielleicht gerade nur die Oberhand. Die Minderheit, die Anteile, die sich doch etwas anderes, Besseres wünschen, kann durch wortlosen Widerstand gestärkt werden. Wenn wir versuchen, nicht zu eskalieren und zu provozieren, werden Bedingungen erzeugt, die innere Mutmacher statt Miesmacher stärken. Wenn die Eltern ruhig vermitteln: »Wir glauben, dass es möglich ist, einen Ausweg zu finden, wir glauben, dass du das schaffst! Wir sind bereit abzuwarten!«, öffnen sich viele Kinder für eine positive Lösung. Geschieht dies nicht, kann es sein, dass sie sich in der Situation schwach fühlen und Angst haben, dass sie verloren haben, wenn sie jetzt etwas vorschlagen.

Der gewaltlose Widerstand bietet noch eine weitere Möglichkeit, die positiven Stimmen erklingen zu lassen. So können zum Beispiel die Unterstützer der Familie zu Ihrem Kind sagen: »Denken wir doch gemeinsam über eine Lösung nach, mit der du gut leben kannst und bei der du dich nicht besiegt fühlst. Ich setze mich mit dir zusammen, ich bin bereit, dir zu helfen.« Ein solches Vorgehen kann einen produktiven Dialog in Gang setzen und bringt gleichzeitig den Zwilling des Widerstands in Spiel – den Schadensausgleich durch Wiedergutmachung.

Die Bedeutung von Wiedergutmachung

Eine Wiedergutmachung kann nicht nur den durch Kränkung, Verletzung, Sachbeschädigung oder Beleidigung angerichteten Schaden beheben, sondern auch das Ansehen des Kindes in der Familie oder Klasse wiederherstellen. Sie wird in der Regel durch die Eltern oder andere Unterstützer angeregt und begleitet. Ideengeber kann natürlich auch das Kind sein. Die Grundcharakteristika der Wiedergutmachung sind folgende:

- Kommt es zu einem Fehlverhalten des Kindes, stiehlt es zum Beispiel seinen Eltern Geld, misshandelt es jemanden in der Schule, mobbt es im Internet, schlägt es seine Schwester usw., dann schädigt es nicht nur sein unmittelbares »Opfer«, sondern die gesamte Gemeinschaft. Mit Gemeinschaft ist hier die gesamte Familie, Klasse usw. gemeint.
- Wiedergutmachung ist ein Akt des Aufeinanderzugehens, der sozialen Reintegration.

- Wiedergutmachung führt Menschen zusammen und lässt niemanden vor der Tür stehen.
- Wiedergutmachung ist keine subtile Form von Strafe. Sie erniedrigt nicht, sondern sie ermutigt und stärkt das Kind und dessen Familien. Die Toilette putzen kann daher beispielsweise kaum eine Form der Wiedergutmachung sein, da solch ein Auftrag den Keim der Demütigung in sich trägt.

Wiedergutmachung als Prozess, an dem Eltern und Kind beteiligt sind

Folgendes Beispiel zeigt, wie eine Wiedergutmachung ins Spiel gebracht werden kann:

> ELTERN: »Anton, du hast deine Cousine bestohlen. Wir stehen zu dir, aber hier hast du Unrecht getan – nicht nur ihr gegenüber, sondern auch die Stimmung in der Familie ist getrübt. Da nun Schaden entstanden ist, muss es auch eine Entschädigung geben.«
>
> ANTON: »Ich habe mich doch schon entschuldigt. Mehr könnt ihr nicht verlangen, mehr tue ich auch nicht.«
>
> ELTERN: »Durch dein Verhalten ist etwas zu Bruch gegangen, dieser Bruch muss auf jeden Fall gekittet werden.«
>
> ANTON: »Das kann sein, das ist mir aber egal. Ich habe mich schon entschuldigt.«
>
> ELTERN: »Okay, aber du sollst wissen, dass wir nicht vergessen, dass noch eine Wiedergutmachung aussteht. Es wäre vielleicht ganz gut, wenn du einen Vorschlag machst. Wir haben Zeit und warten auf deine Ideen.«

Nach einem solchen Gespräch können die Eltern einige Tage abwarten. In dieser Zeit kann nun auch der Unterstützerkreis hinzugezogen werden, den die Eltern aufgebaut haben. Die Tante oder ein enger Freund der Familie, der einen guten Draht zum Kind hat, kann sich in den Prozess einbringen.

TANTE: »Ich habe gehört, was passiert ist. Deine Eltern haben vorgeschlagen, dass du eine Wiedergutmachung anbietest, und ich möchte gern mit dir darüber sprechen.«

ANTON: »Ja, aber was für eine Wiedergutmachung? Ich weiß überhaupt nicht, was sie meinen.«

TANTE: »Gut, überlegen wir doch gemeinsam, was für dich in Frage kommen könnte. Zwei, drei gute Ideen werden wir zusammen schon haben. Der Vorschlag sollte sowohl mit deiner Würde vereinbar sein als auch deine Eltern zufriedenstellen.«

ANTON: »Aber warum muss ich überhaupt etwas tun? Das sehe ich gar nicht ein!«

TANTE: »Wenn du keinen Vorschlag machst, werden deine Eltern entscheiden, wie deine Wiedergutmachung aussehen soll. Möglicherweise wirst du dann sehr tief in die Tasche greifen müssen, vielleicht werden sie sogar dein Taschengeld kürzen. Aber wenn du ihnen mit meiner Hilfe einen konstruktiven Vorschlag unterbreitest, nehmen sie ihn bestimmt an. Ich werde versuchen, sie von deiner Idee zu überzeugen, wenn sie gut ist. Dann werden sie und auch ich zufrieden sein.«

ANTON: »Naja, aber was bringt mir das?«

TANTE: »Wenn du eine Wiedergutmachung vorschlägst, gehst du den ersten Schritt der Wiedereingliederung in die Familie. Damit verbesserst du deine Position, du verlierst nicht an Ansehen, sondern gewinnst welches.«

ANTON: »Na gut, das ist vielleicht wirklich keine schlechte Idee. Aber wie soll das gehen?«

TANTE: »Ich bin gern bereit, dir zu helfen und Möglichkeiten zu finden, die auch für dich in Ordnung sind. Schließlich geht es ja nicht darum, dir zu zeigen, wer hier der Boss ist, sondern darum, deiner Cousine und der Familie mit einer Geste zu zeigen, dass es dir nicht egal ist, was passiert ist.«

Ein solcher Wiedergutmachungsprozess bringt festgefahrene Situationen wieder in Gang, im Zentrum steht nicht mehr das problematische Verhalten des Kindes, sondern Lösungsansätze. Die Vorteile des Prozesses der Wiedergutmachung sind:

- Einen Wiedergutmachungsvorschlag kann ein Kind akzeptieren, eine demütigende Strafe nicht.
- An einer Wiedergutmachung kann das Kind mitwirken, es kann dadurch eine Würdigung erfahren. Auf eine Wiedergutmachung können Kinder stolz sein, sie erleben sich als selbstwirksam. Gerade im Kindergarten ist dies ein wirkungsvolles Instrument.
- Bereits der gewaltlose Widerstand öffnet die Türen für einen produktiven Dialog. Durch die Wiedergutmachung entsteht auch an dieser Stelle Kontinuität. Die Anzahl der Möglichkeiten und damit die Wahrscheinlichkeit für eine gute Lösung steigt.
- Eine Wiedergutmachung bezieht sich nicht nur auf den konkreten Schaden, sondern behebt auch den Schaden, der in der Beziehung entstanden ist.
- Durch die Wiedergutmachung erlebt das Kind eine Wiedereingliederung in sein Umfeld, sei es in die Kindergartengruppe, die Schulklasse oder die Familie.

Der Ablauf eines Wiedergutmachungsprozesses

Wie läuft ein Wiedergutmachungsprozess nun ab? Folgende Punkte sind wichtig:

- Reaktion verzögern, deeskalieren, Hilfe suchen, annehmen und organisieren.
- Gewaltlosen Widerstand leisten, unmissverständliche Ankündigungen machen, klare Botschaften vermitteln und bei diesen bleiben.
- Die Idee der Schadenswiedergutmachung, der Entschädigung ins Spiel bringen und anbieten, gemeinsam Vorschläge zur Wiedergutmachung zu sammeln.
- Dem Kind Zeit lassen.

- Gemeinsam mit dem Kind Ideen entwickeln und daran arbeiten, Unterstützer in diesen Prozess einzubeziehen.

- Darauf achten, dass die Wiedergutmachungsideen das Selbstbewusstsein des Kindes nicht untergraben und dass es sein Gesicht wahren kann.
- Das Kind ermutigen.
- Das Kind bei der unmittelbaren Durchführung unterstützen und nicht allein lassen.

Solche Wiedergutmachungsprozesse sind oft eine langwierige Angelegenheit. Man braucht manchmal viel Geduld, um den Moment zu erkennen und zu nutzen, in dem plötzlich etwas möglich wird, das vorher sehr unwahrscheinlich schien.

Bastian, 16 Jahre, beleidigt im Geografieunterricht seine Lehrerin: »Von dir dummen Gans will ich nicht mehr unterrichtet werden. Du machst einen absolut langweiligen Unterricht. Verzieh dich.« Bastian wird von der Schulleitung, seiner Beratungslehrerin und der Geografielehrerin in den Nachdenkraum gebracht. Dort soll er während der Geografiestunden bleiben, um Lösungen dafür zu finden, wie die Angelegenheit wieder in Ordnung gebracht werden kann. Bastian ist glücklich darüber, und so sagt er es auch seiner Mutter, einer Alleinerziehenden: »Endlich brauche ich nicht mehr bei dieser faden Tante im Unterricht sitzen, im Nachdenkraum ist es viel besser. Dort sind nette Lehrer bei mir, die mir konkrete Angebote machen, ich bleibe da.«

Die Zeit vergeht und Bastian versäumt Geografiestunde um Geografiestunde. Eines Tages kündigt ihm die Geografielehrerin, begleitet vom Direktor, an: »In der übernächsten Geografiestunde wird die Abschlussprüfung für das Schuljahr stattfinden. Du wirst sie in der Klasse ablegen, aber die Klasse betreten kannst du nur, wenn du die Sache in Ordnung gebracht hast.« Bastian lächelt nur und denkt sich nichts dabei.

Doch plötzlich durchfährt es ihn wie ein Blitz. Er hat ja dieses Vorstellungsgespräch für eine Lehre als Automechaniker in dem Autohaus, in dem er schon Praktikum gemacht hat. Dort hat es ihm sehr gefallen und er hat auch gute Aussichten, genommen zu werden. Aber er muss einen ordentlichen Schulabschluss vorweisen und ohne Geografienote geht das nicht. Dann hätte das Zeugnis eine ziemliche Scharte. Bastian ist ratlos und probiert es auf die übliche Art und Weise. Er terrorisiert seine Mutter, sie möge doch ein Wort einlegen und ihm nicht die Zukunft verbauen. Sie sei schuld daran, denn er werde sich nicht bei der Lehrerin entschuldigen, das möge gefälligst sie machen.

Die Mutter holt ihren Bruder zur Hilfe, der ein sehr gutes Verhältnis zu Bastian hat. Mit ihm redet Bastian und schnell haben sie die Idee, dass Bastian sich vor der gesamten Klasse entschuldigen und auch Pizza für alle mitbringen könnte, um den Schaden wiedergutzumachen.

Gemeinsam bereiten sie den Tag vor, an dem die Wiedergutmachung stattfinden soll. Auch seine Mutter ermutigt ihn und hilft ihnen dabei, einen Plan für den Entschuldigungstag zu entwerfen. Als es soweit ist, fahren Bastian und seine Mutter gemeinsam mit dem Onkel in die Schule. Seine Mutter redet ihm gut zu, bevor er die Klasse betritt. Auf einmal verlässt Bastian jedoch der Mut und er sucht das Weite. Der Onkel bleibt beharrlich. Er versucht Bastian zu überzeugen, dass doch nun alles vorbereitet sei und seine Mitschüler ihn außerdem danach als den »Pizzabringer« bejubeln würden. Nach und nach leuchten Bastian die Vorteile ein. Am Ende geht er erhobenen Hauptes in die Klasse, spricht seine Entschuldigung aus und verteilt die Pizza. Die Jugendlichen klatschen in die Hände. Bastian ist wieder Teil der Klassengemeinschaft.

Mit der Wiedergutmachung schließt sich der Kreis der Grundelemente gelingender Erziehung: Wiedergutmachung ist ohne den sicheren Hafen unterstützender Eltern nicht denkbar und stellt somit einen weiteren Baustein für einen starken Anker dar. Indem die Eltern auf ihrem Widerstand beharren, stärken sie auch die Ankerfunktion gelingender Beziehung. Etwas wiedergutzumachen heißt aktiv zu werden und zurückzukommen zu klaren Struktu-

ren und sinnvollen Regeln, die eine gute Entwicklung ermögli-
chen. Das Beispiel von Jonah soll verdeutlichen, wie die Elemente
der Ankerfunktion zusammenwirken und welche Faszination von
der Wiedergutmachung bezüglich einer gelingenden Erziehung
ausgeht.

> Jonah benimmt sich in der Englischstunde ständig daneben: Er stört
> den Unterricht immer wieder durch unverschämte Bemerkungen.
> Da hilft nur noch eins: Der gemeinsame Gang zum Direktor. Jonah
> weigert sich jedoch, zum Direktor zu gehen.
>
> Was soll die Lehrerin nun tun? Was würde sie nach den Regeln
> der alten Autorität unternehmen? Sie würde sagen, dass das so
> nicht geht. Sie würde sich durchsetzen, komme, was da wolle. Sie
> würde ihm entschieden zu verstehen geben, dass sein Verhalten
> nicht ohne Konsequenzen bleibt. Der Direktor werde Maßnahmen
> ergreifen, die Jonah sicher nicht gefallen würden. Sie richtet sich
> auf, damit sie an Größe gewinnt, presst die Lippen zusammen und
> reckt das Kinn. Entschlossenheit nach außen will sie ausstrahlen.
> Die Augen sollen Funken sprühen, ihre Stimme bedrohlich klingen,
> damit er sofort versteht, dass es jetzt ernst wird.
>
> Jedoch beschleicht die Englischlehrerin ein mulmiges Gefühl.
> Was mache ich da? Was ist, wenn Jonah neugierig und frech fragt:
> »Na, Frau Lehrerin, was passiert jetzt? Was wollen Sie mir denn
> schon tun?« Möglicherweise, so denkt sich die Lehrerin, ist es doch
> keine so gute Idee, was sie vorhat. Vielleicht lässt sich noch eine
> andere Lösung finden.
>
> Also wendet sie sich an ihre Unterstützungsgruppe im Kolle-
> gium und diese entscheidet, dass sie sich mit dem Sportlehrer
> zusammentun solle. Warum gerade der Sportlehrer? Die Antwort
> ist einfach: Jonah ist ein guter Sportler. Sportlehrer und Englisch-
> lehrerin rufen nun die Eltern von Jonah an. Sie sprechen zunächst
> mit der Mutter, der Vater ist noch bei der Arbeit. Später werden sie
> auch mit dem Vater reden, ist dies doch eine Angelegenheit, die
> beide Eltern betrifft. Sie teilen der Mutter mit, dass das Verhalten

von Jonah eine große Herausforderung für die Autorität der Lehrer ist. So beginnen beide ein Bündnis mit den Eltern zu schmieden.

Die Lehrerin leitet das Gespräch folgendermaßen ein: »Heute gab es einen Zwischenfall im Englischunterricht, Jonah war daran beteiligt. Wir wenden uns jetzt an Sie, um gemeinsam eine gute Lösung zu finden. Wir bitten um Ihre Unterstützung.« Die Mutter antwortet: »Ja, das klingt nach einer guten Idee, aber warum ist der Sportlehrer dabei?« Die Englischlehrerin informiert nun darüber, dass es an der Schule üblich ist, dass die Beleidigung eines einzelnen Lehrers Sache des gesamten Lehrkörpers ist. Das versteht die Mutter und schon ist ein Wir geschaffen. Ein Wir, das die Lehrerin und die Mutter umfasst. Eine solche Autorität steht auf sicheren Füßen. Die Englischlehrerin fügt hinzu: »Ich bin sicher, dass wir gemeinsam eine für alle zufriedenstellende Lösung finden werden. Wir sitzen im selben Boot, Jonah liegt uns allen am Herzen.«

Am Ende des Gesprächs ist die Mutter überzeugt, das Fundament für eine aussichtsreiche Zusammenarbeit ist gelegt. Durch diesen Schulterschluss besteht nicht nur die Chance, die Angelegenheit zu bereinigen, darüber hinaus wird Jonahs Mutter auch in ihrer Ankerfunktion gestärkt. Mit Jonah ist es auch zu Hause nicht immer leicht und das deckt sich mit den Beobachtungen der beiden Lehrkräfte. Am Ende des Gesprächs wird ein Abkommen geschlossen. Mutter, Vater und Jonah haben am nächsten Morgen zwanzig Minuten vor Schulbeginn einen Termin in der Direktion, es wird ein Gespräch mit beiden Lehrern geben.

Am nächsten Tag treffen alle pünktlich ein und setzen sich sofort zusammen. Jonah ist überrascht, dass auch der Sportlehrer da ist, und fragt nach dem Grund. Dieser beantwortet geduldig seine Frage: »Wir haben einen Grundsatz: Wenn ein Lehrer beleidigt wird, ist das die Sache aller. Wir lassen eine solche Angelegenheit nicht auf sich beruhen und versuchen alles in unserer Macht Stehende, hier gemeinsam eine Lösung zu finden. Es soll nicht darum gehen, dich in deiner Würde zu verletzen, jedoch sind das Beleidigen einer Lehrerin und das Stören des Unterrichts für uns nicht akzeptabel.«

Die Englischlehrerin ergreift das Wort: »Ein guter Ansatz wäre ein Entschuldigungsbrief. Wir schlagen vor, dass du einen solchen Brief verfasst.«

Jonah wird ganz klar vermittelt, dass sein Verhalten im Unterricht nicht hinnehmbar ist und dass es mit einer einfach so dahingesagten Entschuldigung nicht getan ist. »Vielleicht«, so die Englischlehrerin weiter,»fällt dir die ganze Sache leichter, wenn deine Eltern diesen Brief ebenfalls gegenzeichnen.« Jonah entgegnet: »Das ist mir gleich, aber gegen ein bisschen Hilfe beim Schreiben hätte ich nichts.« Die Runde einigt sich darauf, dass die Eltern Jonah in dieser Hinsicht unterstützen. Der Sportlehrer fährt fort: »Indem du den Unterricht gestört hast, ist auch der Klasse Schaden entstanden. Für diesen Schaden muss es eine Wiedergutmachung geben. Auch für die Schule sollte es eine Entschädigung geben. Die Entschädigung soll aber so aussehen, dass du sie erhobenen Hauptes leisten kannst und dadurch nicht gedemütigt wirst. Ich hätte eine Idee für dich: Du kannst eine ganze Woche lang nach der Schule eine halbe Stunde den Turnsaal zusammen mit mir in Ordnung bringen. Später kannst du verantwortungsvollere Aufgaben übernehmen. Weil du ein guter Läufer bist, kannst du mir die Woche darauf helfen, die Zeiten der jüngeren Schüler zu stoppen. Wie klingt das?«

Jonah willigt ein. Dieser Vorschlag verletzt ihn nicht in seiner Ehre und Würde, er kann sogar als rechte Hand des Sportlehrers fungieren. Zugleich kann er so den Schaden wiedergutmachen und die angeschlagene Beziehung zu seinen Lehrern und den Klassenkameraden wieder ins Lot bringen.

Ist die Aktion beendet, kann die Lehrerin der ganzen Klasse sagen: »Jonah hat die Angelegenheit wieder in Ordnung gebracht. Ich habe einen Entschuldigungsbrief bekommen, den Jonah und seine Eltern unterschrieben haben. Es war ein sehr würdiger Brief, Jonah hat Format gezeigt. Er hat auch den Schaden, der euch als Klasse durch die Unruhe im Unterricht entstanden ist, wiedergutgemacht. Er hat dem Sportlehrer eine Woche lang geholfen und wurde sogar befördert. Weil er ein guter Läufer ist, erhielt er die

> Aufgabe, die Zeiten der jüngeren Kinder zu stoppen. Damit ist der
> Fall abgeschlossen und Jonah ist wieder einer von uns – mit allen
> Rechten und Pflichten.«

Es gibt viele Möglichkeiten der Wiedergutmachung, die zu Hause,
in der Schule und in Betreuungseinrichtungen geleistet werden können. Vergessen wir hier nicht: Wichtig ist der wiedereingliedernde,
soziale, beziehungsfördernde, den Selbstwert stärkende Aspekt der
Wiedergutmachung.

Der Prozess der Wiedergutmachung wird von Ihnen als Eltern
angestoßen und unterstützt. Bleiben Sie geduldig und beharrlich
und verlieren Sie dabei nicht die Beziehung zu Ihrem Kind aus den
Augen. Unterstützer können Ihrem Kind die Idee der Wiedergutmachung ebenfalls nahebringen und ihm helfen, dabei sein Gesicht
zu wahren. Wenn Sie Standfestigkeit beweisen und Ihr Kind immer
wieder ermutigen, kommen ganz sicher auch Ihre Kinder auf Ideen,
wie sich ein Schaden beheben lässt. Es gibt jedoch auch die Option,
besonders wenn das Kind sich weigert mitzumachen, dass Eltern
eine Wiedergutmachungsidee haben und sie auch umsetzen.

> Lionel, 14 Jahre, hat seine Schwester Thea schwer beleidigt. Als
> Wiedergutmachung nehmen die Eltern die Schwester mit in den
> Zirkus oder laden sie zum Essen ein. Lionel muss jedes Mal einen
> Teil der Ausgaben von seinem Taschengeld bestreiten.

Wenn das Kind einen Schadensausgleich nicht akzeptieren will, legen
die Eltern eine Wiedergutmachungsmaßnahme fest. Diese Maßnahme sollte von Unterstützern befürwortet werden, die auch den
Hintergrund des Vorgehens erläutern: Wer Schaden anrichtet – auch
wenn dies aus Unachtsamkeit geschieht –, muss eine Entschädigung
leisten, so läuft es in der Welt. Das wird auch später so sein, wenn
das Kind einmal erwachsen ist. Die Bekräftigung der Richtigkeit
dieses Vorgehens durch die Unterstützer verleiht dem Entschluss
der Eltern zusätzliches Gewicht.

Zusammenfassung

Wiedergutmachung ist das i-Tüpfelchen des gewaltlosen Widerstands und geht vom Grundgedanken aus, dass der Schaden, der durch ein Fehlverhalten des Kindes angerichtet wird, wieder behoben werden muss. Die Wiedergutmachung ist nicht nur gegenüber dem Geschädigten, sondern gegenüber der gesamten Gemeinschaft zu leisten.

Der Prozess wird von den Eltern oder anderen Erziehungsberechtigten angestoßen, die das Kind dazu anregen, Wiedergutmachungsideen zu entwickeln. Wiedergutmachungsakte sollen diejenigen Personen und Einrichtungen entschädigen, die unter dem Fehlverhalten gelitten haben, und das Ansehen des Schadensverursachers wiederherstellen. Ein Nachdenken darüber kurbelt die Gesprächsbereitschaft an und fördert konstruktive Diskussionen, außerdem setzt meist ein Lernprozess ein. Wiedergutmachung sollte auf keinen Fall auf Erniedrigung angelegt sein. Vielmehr sollte sie Kindern die Möglichkeit bieten, eine Leistung zu erbringen, auf die sie stolz sein können. Wiedergutmachung stellt den Selbstwert der Kinder nicht in Frage, sondern stärkt ihn sogar. Sie beugt Gesichtsverlust vor und verhilft zu einem neuen selbstsichereren Ich. Im Idealfall gerät im Wiedergutmachungsprozess die gute Lösung in den Fokus und das Fehlverhalten in Vergessenheit.

Vorschläge zur Wiedergutmachung können auch die Eltern unterbreiten, sie sollten jedoch immer auf das Wohl aller Beteiligten ausgerichtet sein. Das heißt, Wiedergutmachungen sind Aktionen, die der ganzen Gemeinschaft dienen und damit auch das ausgleichschaffende Kind in seinem Geben bestärken. Folgende Beispiele für die Wiedergutmachung im häuslichen Bereich können als Anregung dienen.

Tipps für Wiedergutmachungshandlungen:

- Das Kind oder die/der Jugendliche hat die Nachbarin geärgert und bringt ihr als Entschuldigung Blumen.
- Das Kind oder die/der Jugendliche hat in einem Tobsuchtsanfall Schaden in der Wohnung angerichtet und wäscht nun für einen Monat einmal wöchentlich das Auto der Familie.
- Das Kind oder die/der Jugendliche hat seine Schwester geschlagen und übergibt ihr deshalb ein selbstgebasteltes Geschenk.
- Das Kind oder die/der Jugendliche kann auch einen Entschuldigungsbrief schreiben oder dabei helfen, ein Essen für die ganze Familie zu kochen.
- Das Kind oder die/der Jugendliche unterstützt Vater und Mutter bei der Garten- und Hausarbeit.
- Das Kind oder die/der Jugendliche spielt mit dem kleinen Bruder oder hilft ihm bei den Hausaufgaben.
- Das Kind oder die/der Jugendliche schreibt eine Geschichte oder entwickelt eine künstlerische Darbietung für zu Hause, zu einem besonderen Anlass oder für die Schule.
- Das Kind oder die/der Jugendliche fertigt eine Zeichnung für die Klasse an oder bringt Kuchen mit in die Schule.
- Das Kind oder die/der Jugendliche engagiert sich für ein soziales Projekt in der Schule oder in der Familie.

Entwickeln Sie mit Ihrem Kind Wiedergutmachungsvorschläge. Das, was Sie brauchen, ist Beharrlichkeit und Geduld. Dann kann eigentlich gar nichts mehr schiefgehen.

Das Geheimnis starker Eltern:
Gelingende Erziehung ist keine Zauberei

In diesem Buch haben wir versucht aufzuzeigen, was das Geheimnis starker Eltern ist und wie Erziehung gelingen kann. Mütter und Väter sind der sichernde Hafen für ihre Kinder und haben zugleich eine wichtige Ankerfunktion inne: Dies bewerkstelligen sie über ihre Präsenz, ihre Kunst zu deeskalieren, über ihre wachsame Sorge sowie über ihre Fähigkeit, sich Unterstützung zu organisieren, Widerstand zu leisten und Wiedergutmachungsprozesse anzustoßen.

All das gelingt nur, wenn ein entscheidender Punkt nicht zu kurz kommt: die gute, tragfähige Beziehung zu unserem Kind. Das ist das A und O. Wenn wir liebevoll und wertschätzend mit unseren Kindern umgehen, werden Herausforderungen viel leichter gemeistert.

Die Frage ist nun: Woran erkenne ich, ob die Beziehung zu meinem Kind im grünen Bereich ist, und wie erhalte ich sie aufrecht? Nun, wir Menschen sind von Natur aus darauf angelegt, eine schützende, liebevolle Beziehung zu unseren Kindern einzugehen. Aber manchmal fühlen wir uns so hilflos und frustriert, dass unsere Zuneigung verschüttzugehen droht. Die Werkzeuge der neuen Autorität, die wir Ihnen vorgestellt haben, können Ihnen helfen, Hilflosigkeit und Frust zu überwinden. Ihre tiefen mütterlichen bzw. väterlichen Gefühle kommen wieder ungetrübt zum Vorschein. Sie werden wieder imstande sein, die angeschlagene Beziehung wiederzubeleben und Ihren Kindern wirklich zu begegnen. Wenn wir nicht mehr bereit sind, uns auf unsere Kinder einzulassen, ihnen Wärme entgegenzubringen und sie ausschließlich zum Objekt der

Kontrolle machen, führt das auf ihrer Seite zu Rebellion und Verzweiflung. Dies wiederum fördert Eskalation und Gewalt, die uns Eltern ohnmächtig werden oder resignieren lässt. Begegnung ist kein Selbstläufer, sondern Übungssache. Hindernisse wie Dominanz-, Vergeltungs- und Distanzstreben müssen entschieden aus dem Weg geräumt werden. Wir hoffen, dass Ihnen die Haltungen und Ideen, die wir Ihnen vermittelt haben, dabei helfen können. Viel Spaß beim Ausprobieren.

Anstelle eine Schlusswortes:
Gelingende Erziehung und das elterliche Nein

Viele Eltern berichten, dass ihre Kinder sie ignorieren, wenn sie Nein sagen. Nehmen wir ein alltägliches Beispiel: Das Kind sitzt am Computer, die Mutter sagt: »Das ist jetzt genug, abschalten!« Das Kind ignoriert sie, diskutiert herum oder die Situation eskaliert gleich. Die Mutter wiederholt ihre Forderung, das Kind hört darüber hinweg, die Mutter wird laut und droht, das Kind ebenfalls. Die Mutter schaltet den Computer ab, die Eskalation ist fast vorprogrammiert: Das Kind beginnt nach der Mutter zu treten. Viele gewalttätige Auseinandersetzungen zwischen Kindern und Eltern beginnen genau so.

Mutter und Kind fühlen, dass die Forderung der Mutter kein Gewicht hat. Deshalb wiederholt die Mutter ihr Nein wieder und wieder. Im Laufe des Tages kann so ein Nein viele Male geäußert werden, ohne dass etwas passiert. Das Kind spürt, dass es das erste, zweite, dritte und vierte Nein sicher ignorieren kann und das fünfte, sechste, siebente oder achte vielleicht zu einer Auseinandersetzung führt. Es weiß: Bevor nicht das zehnte Nein erreicht wird, kann es tun, was es will – ohne Störung.

Solche Neins sind wie Seifenblasen, die genauso schnell platzen und verschwinden, wie sie gekommen sind. Die Mutter produziert eine ganze Reihe dieser Nein-Bläschen, die nichts bewirken, die die Beziehung belasten und sie als Mutter auslaugen. Sie fühlt sich hilflos und ohnmächtig.

Viele Eltern sagen nun: »Wir wissen, dass wir zu unserem Nein stehen müssen, aber wir schaffen es einfach nicht.« Psychologen und

Berater bestärken die Eltern darin: »Bleibt bei eurem Nein, sonst wird das Kind lernen, euch zu ignorieren!« Das ist oft leichter gesagt als getan. Die Eltern versuchen ein- oder zweimal, konsequent zu sein, sobald die Situation jedoch eskaliert, fallen sie wieder in das Muster der Nein-Bläschen zurück. Das Kind kann die emotionale Landkarte seiner Eltern in der Regel sehr gut lesen: Es weiß genau, wie lange es gegen ein Nein ankämpfen muss, bis seine Eltern aufgeben.

Nötig ist hier eine andere Nein-Erfahrung. Es geht darum, Nein-Anker zu setzen statt Nein-Bläschen zu produzieren. Um einen Nein-Anker zu schaffen, müssen Eltern auf eine komplett andere Art und Weise agieren. Der Nein-Anker unterscheidet sich so sehr von den Nein-Bläschen, dass wir Ihnen nicht raten möchten, alle Nein-Bläschen in einen Nein-Anker zu verwandeln. Das ist nicht möglich. Wir schlagen vor, dass Sie, wenn Sie in einer Endlosschleife von Nein-Bläschen versunken sind, einmal pro Woche einen Nein-Anker setzen. Wenn Sie das über einen längeren Zeitraum tun, wird sich Ihr Umgang mit dem Nein von ganz allein ändern.

Was ist nun ein Nein-Anker? Im Gegensatz zum Nein-Bläschen zielt der Nein-Anker nicht auf die sofortige Akzeptanz des Kindes ab, sondern wirkt langfristig. Bei der typischen Nein-Blase beweist der auf dem Fuß folgende Widerstand des Kindes, dass das Nein gescheitert ist: Vater oder Mutter sagen »Nein!« und das Kind gehorcht nicht. Es ist diese Ablehnung des Kindes, die eine signifikant neue Nein-Erfahrung in Form eines Nein-Ankers nötig macht.

Der Nein-Anker wird bei einem Verhalten gesetzt, das die Eltern besorgt. Das ständige Vor-dem-Computer-Sitzen als zentrales Element des Problemverhaltens des Kindes, das zu Auseinandersetzungen zwischen Eltern und Kind führt, bietet sich beispielsweise dafür an.

Im Gegensatz zur Nein-Blase gewinnt der Nein-Anker an Bedeutung

– durch den langen Atem der Eltern. Die Eltern beharren: Diese Intervention wirkt nicht unmittelbar, sondern langfristig. Diese Hartnäckigkeit verleiht dem elterlichen Nein Gewicht.

- dadurch, dass sich die Eltern an ihr Wort erinnern: Sie kommen Stunden später oder am nächsten Tag auf das Ereignis zurück und zeigen dem Kind, dass sie den Vorfall nicht vergessen haben. Dieses Daraufzurückkommen verleiht dem elterlichen Nein Tiefe: Ereignisse werden nicht einfach nach dem Motto »Aus den Augen, aus dem Sinn« aus dem Gedächtnis gelöscht.
- dadurch, dass die Eltern ihre Aktionen koordinieren. Damit stärkt man sich gegenseitig den Rücken und verleiht der Nein-Erfahrung doppelt Nachdruck.
- dadurch, dass die Eltern andere Unterstützer involvieren, zum Beispiel Großeltern, Freunde der Familie oder Lehrer. Diese reden mit dem Kind über die Geschehnisse. Das verfestigt das Fundament der Nein-Erfahrung, die auf diese Weise immer stabiler wird und schwerer umzustoßen ist.
- dadurch, dass die Eltern Selbstkontrolle zeigen. Sie reagieren nicht impulsiv, wenn das Kind sie herausfordert. Selbstkontrolle bedeutet Stabilität, und das verleiht der Nein-Erfahrung zusätzlich Gewicht.

Dies sind also die Voraussetzungen für den idealen Nein-Anker, der über viele Befestigungspunkte verfügt und sich deshalb nicht so schnell losreißen kann. Durch diesen Prozess ändert sich schrittweise etwas an der elterlichen Haltung, und das wiederum spürt das Kind, das ein Nein ganz anders wahrzunehmen beginnt. Der Nein-Anker fängt an zu wirken.

Schauen wir uns an, wie die Mutter bezüglich des ständigen Computerspielens einen Nein-Anker entwickeln könnte. Startpunkt ist die Weigerung des Kindes, weniger vor dem Computer zu sitzen, oder sein Versuch, seine Eltern in eine Ping-Pong-Interaktion ohne Folgen zu verwickeln (Elternteil sagt etwas – Kind sagt etwas – Elternteil sagt etwas – Kind sagt etwas, ohne dass daraus Konsequenzen folgen).

Zum Setzen des Nein-Ankers würde die Mutter dem Kind sagen: »Dein Vater und ich haben dir unsere Entscheidung mitgeteilt, dass wir uns gegen deinen Computermissbrauch zur Wehr setzen. Wir werden über Schritte nachdenken, wie wir in dieser Angelegenheit weiter verfahren.« Diese Erinnerung an die Ankündigung (siehe auch unser Kapitel über die Kunst des Widerstands) verleiht der Intervention der Mutter Nachdruck: Sie bezieht sich auf etwas, das einige Tage oder Wochen stattgefunden hat. Wenn sie diese Verbindung herstellt, ist ihr Nein kein unmittelbares Ereignis, sondern eines mit Geschichte.

In ihrer Reaktion vermeidet die Mutter einen Machtkampf mit dem Kind. Sie atmet tief durch und macht dem Kind deutlich, dass sie und der Vater gemeinsam darüber nachdenken, was sie tun werden. Auf diese Weise verlagert die Mutter das elterliche Nein auch in die Zukunft (sie *wird* mit dem Vater reden und sie *werden* beide ihre Reaktionen abwägen). Nochmals: Mit ihrem Nein-Anker reagiert sie nicht ausschließlich spontan auf die Situation, sondern sie zeigt, dass sie an ihrem Wort festhält. Der Nein-Anker bleibt bestehen und entfaltet seine Wirkung mit der Zeit.

Außerdem wechselt die Mutter vom Ich zum Wir (»*wir* werden darüber nachdenken, was *wir* tun werden, welche Maßnahmen *wir* ergreifen wollen«). Auf diese Weise macht sie deutlich, dass nicht sie allein dieses Nein vertritt, sondern auch der Vater dahintersteht. Ist ein Elternteil alleinerziehend, können Angehörige (z. B. Großeltern, Tanten und Onkel) dafür gewonnen werden, das Nein zu bekräftigen. So gewinnt der Anker an zusätzlichen Befestigungspunkten und Gewicht.

Gefördert wird diese neue Nein-Erfahrung außerdem durch die elterliche Selbstkontrolle. Die Mutter überwindet ihren Drang, impulsiv zu reagieren, und erklärt, dass sie die Absicht hat, ihren Plan weiterzuverfolgen – unabhängig von der ablehnenden Haltung des Kindes. Lässt sich die Mutter nämlich auf Provokationen ein, gerät sie höchstwahrscheinlich in einen Ping-Pong-Dialog und erzeugt ideale Bedingungen für das Zerplatzen des Nein-Bläschens. Dazu kommt, dass sie als Erziehungsberechtigte an Ansehen und Durchsetzungskraft verliert, wenn sie sich in dem Moment auf die gleiche Stufe wie ihr Kind begibt und sich auf einen Streit einlässt.

Was verleiht der Mutter nun elterliches Gewicht und Präsenz? Zu nennen sind zusammenfassend:
- der Verweis auf die Ankündigung;
- die Bereitschaft, zu einem späteren Zeitpunkt auf die Frage zurückzukommen;
- die Demonstration von Selbstkontrolle,
- die Entscheidung, wenn nötig weitere Maßnahmen zu ergreifen;
- die Abstimmung der Eltern untereinander, die Rekrutierung zusätzlicher Unterstützer und Befürworter der elterlichen Entscheidung.

Die Position der Mutter kann durch eine angemessene Intervention bei Nichtbeachtung des Neins weiter gestärkt werden. Wenn das Kind erneut stundenlang vor dem Computer sitzt, ist es durchaus angebracht, den Computer nach diesem Ereignis für einen Tag auszuschalten. Es geht hier nicht um eine Routinebestrafung, die vielleicht noch nicht einmal mit dem problematischen Verhalten zusammenhängt und damit in Verbindung gebracht werden kann. Dies wäre der Fall, wenn die Eltern ein Computerverbot aussprechen würden, weil das Kind geflucht hat. Wohldosierte Bestrafung hat durchaus einen Platz in der Erziehung. Es gibt jedoch bessere und schlechtere Strafen und auch Alternativen dazu, wie wir gesehen haben.

Weigert sich das Kind, den Computer auszustellen, und ist die Konsequenz ein eintägiges Computerverbot, so können die Eltern sagen:
- Wir werden dir nichts geben (Zugang zum Computer), das du in einer dich selbst schädigenden Weise nutzen kannst!
- Wir sind verantwortlich für dich und hartnäckig genug, um unsere Entscheidung durchzuhalten! (Deshalb schlagen wir auch vor, Nein-Anker sparsam zu verwenden, da Sie sonst in dem Versuch ertrinken, alle Entscheidungen in Bezug auf das Kind durchzuhalten.)
- Wir nutzen die Zeit! (Ein ganzer Tag ohne Computer kann sich für ein Kind wie eine Ewigkeit anfühlen. So wird die Zeit zu einer Verbündeten der Eltern.)

Sie können auch durch das Entfernen eines entscheidenden Teils der technischen Gerätschaften zeigen, dass Sie es ernst meinen (so ist beispielsweise das WLAN für einen Tag nicht verfügbar). Dies tun Sie nicht demonstrativ und provokativ: »Nun hast du kein Internet mehr, das hast du nun davon!«, sondern Sie erklären dem Kind Ihren Schritt am nächsten Tag: »Heute haben dein Vater und ich beschlossen, dass du aufgrund dessen, was gestern passiert ist, keinen Zugang zum Internet haben wirst. Also haben wir das WLAN abgeschaltet!«

In der Tat bedarf ein Nein-Anker der Planung. Manchmal werden nicht alle Voraussetzungen für einen Nein-Anker vorhanden sein, jedoch verleihen ihm schon einzelne Elemente Gewicht. Versuchen Eltern Nein-Blasen zu vermeiden und Nein-Anker zu setzen, beginnen andere Gefühle und Verhaltensweisen Einzug zu halten. Es regieren nicht mehr elterliche Hilflosigkeit und der Eindruck, von ihrem Kind abgelehnt zu werden, ihm ohnmächtig gegenüberzustehen, sich von ihm auf der Nase herumtanzen zu lassen. Das Gefühl der anhaltenden Gereiztheit und Erschöpfung schwindet zunehmend. Schrittweise befreit sich die Familie aus dem Strudel der Impulsivität und Unruhe, die das gemeinsame Leben durcheinanderbringt. Wenn die Eltern beginnen, Erfahrungen mit dem Nein-Anker zu sammeln, ahnen sie mehr und mehr, dass die Dinge anders sein können. Sie lernen innezuhalten und sich den Provokationen des Kindes gelassen entgegenzustellen. Sie finden ihre innere Balance wieder und können zu sich selbst und dem Kind sagen: »Hier bin ich! Hier bleibe ich!«

Die neuen Neins der Eltern beginnen ihre Wirkung zu entfalten. Eskalationen haben angesichts der Selbstkontrolle immer weniger Chancen, das Familienleben durcheinanderzuwirbeln. Hilflose, überstürzte Erziehungsaktionen weichen entschiedenem Handeln. Ausweglosigkeit hat keinen Platz mehr, dafür ist die Zahl der erschlossenen Alternativen zu groß. Die ehemals zaghaften oder schrillen Nein-nein-neins haben sich in ein nachdrückliches, deutliches »Nein!« mit Bassstimme verwandelt.

Diese veränderte Haltung der Eltern bewirkt einiges beim Kind. Die Eltern gewinnen wieder an Kontur, sie und ihre Absichten erscheinen nicht länger unklar und verschwommen. Man kommt einfach nicht mehr um sie herum, sie lassen sich nicht länger ignorieren und beiseiteschieben und das sorgt noch nicht einmal nur für Ärger, sondern für Sicherheit. Wann immer nun ein Elternteil nicht wie früher drauflosschimpft oder einfach den Raum verlässt und sich weigert, sich provozieren zu lassen, beginnt das Kind sich zu »sorgen«: »Vielleicht reagiert Mutter wieder so, wie sie es letzte Woche getan hat? Dann könnte das eine längerfristige Angelegenheit werden …« Die Eltern-Kind-Beziehung gewinnt an neuer Qualität, das Familienzusammenleben wird wieder von gegenseitigem Vertrauen und Respekt geprägt. Neue Wege des Umgangs miteinander werden beschritten: Die Eltern sind sich gerade in stürmischen Zeiten bewusst, was sie – in ihrer Funktion als Hafen – ihren Kindern – in Gestalt der Seefahrer – bieten können, diese wiederum wissen die Schutz- und Ankermöglichkeiten zu schätzen. Die Idee der neuen Autorität ist im Familienalltag angekommen.

Danksagung

Gemeinsam ein Buch zu schreiben, kann unglaublich viel Stress bedeuten, aber auch Spaß machen. Uns hat es viel Freude gemacht, zusammen an diesem Projekt zu arbeiten. Dass dies möglich war, verdanken wir vor allem unseren beiden Ehefrauen: zum einen Rina, die uns mit ihrer unglaublichen Gastfreundschaft beim Brainstorming in Tel Aviv verwöhnt hat, zum anderen Brigitte mit ihrer Ruhe und Umsicht, deren Präsenz automatisch Deeskalation bedeutet hat.

Des Weiteren möchten wir dem Verlag Vandenhoeck & Ruprecht für die Idee danken, gemeinsam einen populären Elternratgeber zu verfassen. So konnten sich die Gedanken zur neuen Autorität auf der einen Seite und die umfassende praktische Erfahrung auf der anderen Seite wundervoll ergänzen.

Zu danken haben wir auch den vielen Eltern, mit denen wir das Vergnügen hatten, gemeinsam zu arbeiten, Haltungen zu entwickeln, Widerstand zu leisten. Es ist ihr Beitrag und die Erfahrung mit ihnen, die dieses Buch, so hoffen wir, lebendig werden lassen.

Zu danken haben wir außerdem all unseren Kolleginnen und Kollegen: Stefan, Hans, Herwig und Wolfgang aus Österreich, Tobias aus München, Bruno und Martin aus Würzburg und Bramsche, Claudia aus Zürich, Frank aus Genk, Henk aus Amsterdam und vielen anderen. Die zahlreichen fruchtbaren Diskussionen auf Treffen und Konferenzen machten dieses Buch erst möglich. Über allem schwebt die Weisheit von Arist von Schlippe, der uns beim Austausch unserer Gedanken stets begleitet hat.

Zu speziellem Dank sind wir auch Gloria Avar vom Institut für Kind, Jugend und Familie in Graz verpflichtet. Sie hat geduldig Kapitel für Kapitel gelesen und so zur Verbesserung des Buches beigetragen.

Frau Johanna Herrmann, Frau Natascha Hodanek-Zimmermann und Frau Katrin Wiltschnig danken wir für das Erstellen des Manuskripts und für so manche kritische und weiterführende Anregung.

Nicht zuletzt möchten wir unseren Söhnen danken, die uns gelehrt und rückgemeldet haben, was neue Autorität ganz praktisch im privaten Bereich bedeuten kann.

Und zuletzt geht unser ganz großer Dank an Herrn Günter Presting vom Verlag Vandenhoeck & Ruprecht. Seine Umsicht, aber auch seine Beharrlichkeit waren es, die es ermöglicht haben, dass dieses Buch gerade noch rechtzeitig fertig wurde.

Zum Weiterlesen

Avar, G., Streit, P. (2016). Philips kleine Fibel: Neue Autorität. Graz: Verlag für Kind, Jugend und Familie.

Omer, H. (2015). Wachsame Sorge: Wie Eltern ihren Kindern ein guter Anker sind. Göttingen: Vandenhoeck & Ruprecht.

Omer, H., Lebowitz, E. (2015). Ängstliche Kinder unterstützen. Die elterliche Ankerfunktion (2. Aufl.). Göttingen: Vandenhoeck & Ruprecht.

Omer, H., von Schlippe, A. (2016). Stärke statt Macht. Neue Autorität in Familie, Schule und Gemeinde (3. Aufl.). Göttingen: Vandenhoeck & Ruprecht.

Omer, H., von Schlippe, A. (2015). Autorität ohne Gewalt. Coaching für Eltern von Kindern mit Verhaltensproblemen. »Elterliche Präsenz« als systemisches Konzept (10. Aufl.). Göttingen: Vandenhoeck & Ruprecht.

Omer, H., von Schlippe, A. (2016). Autorität durch Beziehung. Die Praxis des gewaltlosen Widerstands in der Erziehung (9. Aufl.). Göttingen: Vandenhoeck & Ruprecht.

Streit, P. (2010). Jugendkult Gewalt: Was Kinder aggressiv macht. Wien: Verlag Ueberreuter.

Streit, P. (2014). Wilde Jahre – gelassen und positiv durch die Pubertät: Ein Leitfaden für Eltern. Freiburg: Kreuz Verlag.